中等职业教育汽车运用与维修专业理实一体系列教材
国家中等职业教育改革发展示范学校建设成果

汽车涂装理实一体化教材

主　编　洪云龙　杨秀慧
副主编　夏　明　王杰身　陈健健
参　编　廖武康　苏永康　覃卫平　黄树创
　　　　穆建宗　廖俊生　李　龙　张　瑜

机械工业出版社

本教材根据中职院校的职业教育特点，结合市场需求，采用项目导向和典型的任务驱动的课程教学模式，坚持理论与实践结合的原则，突出学生能力的培养，以便提升学生的专业能力、实践能力、社会能力。本书以引导学生提升自我学习能力为主，从而确定本书的编写思路。

本书从喷漆的最基本工艺出发，具体介绍了事故车从进厂到维修竣工的全部过程。本书首先介绍了车身涂装的安全、车辆损伤评估、损伤件的换修调整，以及车身维修设备，然后介绍了车身涂装作业，满足汽车的防腐及装饰要求。

本书适用于中等职业院校汽车检测与维修专业学生课堂使用，配套有相应的电子版配套资源文件包，供双师型教师使用。

图书在版编目(CIP)数据

汽车涂装理实一体化教材 / 洪云龙，杨秀慧主编.
—北京：机械工业出版社，2016.2(2016.9 重印)
中等职业教育汽车运用与维修专业理实一体系列教材
国家中等职业教育改革发展示范学校建设成果
 ISBN 978-7-111-52549-3

Ⅰ. ①汽… Ⅱ. ①洪… ②杨… Ⅲ. ①汽车-涂漆-中等专业学校-教材 Ⅳ. ①U472.44

中国版本图书馆 CIP 数据核字(2015)第 318514 号

机械工业出版社(北京市百万庄大街22号　邮政编码100037)
策划编辑：赵海青　责任编辑：丁　锋
责任校对：张晓蓉　封面设计：马精明　责任印制：乔　宇
北京铭成印刷有限公司印刷
2016年9月第1版第2次印刷
184mm×260mm・8.75 印张・203 千字
3001—6000 册
标准书号：ISBN 978-7-111-52549-3
定价：24.00 元

凡购本书，如有缺页、倒页、脱页，由本社发行部调换

电话服务　　　　　　　　　　　网络服务
服务咨询热线：010-88379833　　机 工 官 网：www.cmpbook.com
读者购书热线：010-88379649　　机 工 官 博：weibo.com/cmp1952
　　　　　　　　　　　　　　　　教育服务网：www.cmpedu.com
封面无防伪标均为盗版　　　　　金　书　网：www.golden-book.com

南宁市第四职业技术学校
国家中等职业教育改革发展示范学校建设成果
教材编审委员会

主　任：杨筱玲　郑　应
副主任：凌小冰　林才丰
委　员：黄钟俭　黄志远　盛志榕　马　琳
　　　　陈健健　黄竹林　宁振邕　叶颜妮
　　　　罗　俏　黄万济　赖宏立　李新德

丛 书 序

第二次世界大战以后，德国的综合国力和经济水平迅速崛起，这在很大程度上应归功于德国高度发达的职业教育体制，尤其是20世纪六七十年代兴起的"双元制"职业教育体制，被喻为德国经济发展的"秘密武器"，成为德国职业教育的代名词。目前，有很多汽车职业学校和教育专家都在研发以德国"双元制"教育为基础的汽车教育体系，在市场上也有许多"双元制"教材，其中有德国教材的翻译本，也有我国专家的自编版本。但是，目前德国本土教材难以适应我国国情，我国自编教材又无法完全脱离传统职业教育。

为此，广西南宁第四职业技术学校结合示范校建设，组织力量编写了本套教材。本套教材由教材编写委员会主任杨筱玲、郑应，副主任凌小冰、林才丰领衔，带领广西南宁第四职业技术学校汽车运用与维修专业的教师以及校企合作企业的专家，进行了前期的研究和调研，同时在我国现行教育方针的指导下，根据中等职业学校在校生的学习特点和发展需要，形成了中等职业学校汽车运用与维修专业课程设置和教材编写的整体思路。

本系列教材是根据德国汽车职业教育模式要求，经过本地化改编而成的，以面向工作过程的学习领域为基础组织内容，旨在引导教师能够按照项目教学法、工作流程导向法、情景教学法组织教学，实现培养学生专业能力、个人能力、社会能力的教学目标。

本系列教材以德国"双元制"教学的精髓为基础，同时又兼顾满足广大教师、学生和汽车爱好者的学习需求。教材内容以汽车4S店车间的工作情景为背景展开学习，强调利用案例、项目和行动导向等方法实施教学并且按照"资讯—决策—计划—实施—检查评估—知识链接"六步法进行编写。

资讯——完成任务所需要的基础知识、资料信息、工具使用方法等。

决策——对学生进行分组，明确负责人以及各组员职责。老师对各组项目/任务进行布置，引导学生对故障进行相应的问诊，提示学生安全注意事项以及做好准备工作。

计划——学生根据理论知识以及参考维修手册，对照已经制订好的工作计划准备工作。

实施——教师准备场地、设备设施、工具资料等。学生按照工作计划进行实施，并将实施的结果填写到相应的表格内。

检查评估——通过学生互相考核、老师抽考等方式验证学生掌握的内容（填空、问答、演讲等），并且对本次学习的内容进行总结、汇总、延伸。

知识链接——当前执行的项目/任务相关的知识拓展。

本系列教材力图在内容上贴合职业岗位所要掌握的技能，主要介绍了为完成工作任务需要掌握的知识及安全注意事项；在编写上，倡导以学生为主体，促使其做出相应的决策以及制订相关计划，在实施中不断记录工作内容、步骤，最后结合理论知识进行讨论、发表演讲等各种形式的总结，以帮助学生实现今后步入社会所需要的专业能力、社会能力和方法能力有效的统一。考虑到各院校所使用的实训车辆不同，本系列教材中并没有介绍拆装方法，而是不断引导学习者使用实训车辆的维修手册，将所查到的数据及个人经验记录在本教材项目单中，这样不仅实现了"因车而异"的原则，还可以培养学习者在工作中查阅、记录的良好习惯。

本系列教材包括 6 种，分别为：《汽车发动机维修理实一体化教材》《汽车底盘维修理实一体化教材》《汽车电气维修理实一体化教材》《汽车空调维修理实一体化教材》《汽车车身修复理实一体化教材》《汽车涂装理实一体化教材》。希望本套教材能够成为中职汽车运用与维修专业学生在学习汽车专业知识、掌握维修实践技能、培养良好工作习惯等方面的良师益友，同时也希望使用本系列教材的教师和学生，不吝指正，随时提出宝贵的修改意见，以期进一步对本系列教材进行修订、完善。

汽车运用与维修专业理实一体系列教材编审委员会

前　言

　　《汽车涂装理实一体化教材》是针对汽车涂装技师岗位能力培养而编写的。本书围绕涂装设备使用、涂装前处理、喷漆前处理、调色、面漆喷涂、面漆缺陷处理等内容展开，并以实际案例、车间为背景环境开展教学。

　　每个学习情境通过一个真实的案例展开，引出需要学习的内容。通过触决这个案例，完成若干项目或任务，从而完成需要学习的内容。

　　本书内容按照"资讯—决策—计划—实施—检查评估—知识链接"六步法进行编写。其中：

　　资讯——完成任务所需要的基础知识、资料信息和工具等。

　　决策——对学生进行分组，明确负责人以及各组员职责。老师对各组项目/任务进行布置，引导学生对故障进行相应的问诊，告知学生安全注意事项。

　　计划——学生根据理论知识并参考维修手册，对照已经制订好的工作计划进行准备。

　　实施——教师准备场地、设备设施、工具资料等。学生按照工作计划进行实操，并将实操的结果填写到相应的表格内。

　　检查评估——学生验证故障是否真正排除并将方法列出，老师通过各种方式验证学生掌握的内容(填空、问答、演讲等)，并且对本次学习的内容进行总结、汇总、延伸。

　　知识链接——与当前执行的项目/任务相关的知识拓展。

　　本书内容以企业涂装维修实例为基础进行编写，所学知识更贴近企业。

　　通过本书的学习，学生能够为后续学习打下坚实的基础。

　　由于编者水平和能力有限，书中可能会出现一些错误，敬请广大读者批评指正！

编　者

目　录

丛书序
前言

情境一　车身涂装安全 ··· 1
 项目一　人身安全 ·· 3
  任务　呼吸系统保护(防毒面具)、防护服、橡胶手套和护目镜及防护鞋 ············· 3
 项目二　设备安全 ·· 8
  任务　空压机、单作用打磨机、双作用打磨机和红外线烤灯 ···························· 8

情境二　损伤评估 ··· 15
 项目　看工单、损伤程度评估和涂层类型鉴别 ·· 17
  任务　看工单、损伤程度评估和涂层类型鉴别 ·· 17

情境三　面漆前处理 ··· 23
 项目一　去除旧涂层 ·· 25
  任务　去除旧涂层的流程 ·· 25
 项目二　打磨羽状边 ·· 29
  任务　打磨羽状边的流程 ·· 29
 项目三　刮涂腻子 ·· 33
  任务　刮涂腻子的流程 ··· 33
 项目四　打磨腻子 ·· 37
  任务　打磨腻子的流程 ··· 37

情境四　喷涂前处理 ··· 41
 项目一　喷中涂底漆 ·· 43
  任务　喷中涂的流程 ·· 43
 项目二　打磨中涂底漆 ··· 46
  任务　打磨中涂底漆的流程 ··· 46
 项目三　贴护 ·· 50
  任务　贴护的流程 ··· 50

情境五　面漆喷涂 ··· 55
 项目一　溶剂型涂料调色 ·· 57
  任务　溶剂型涂料(银粉漆)的调色流程 ·· 57
 项目二　水性漆调色 ·· 62
  任务　水性漆的调色流程 ·· 62
 项目三　溶剂型涂料(银粉)喷涂 ··· 66
  任务　溶剂型涂料(银粉漆)的喷涂流程 ·· 66

目录

  项目四 水性漆喷涂 ·· 70
    任务 水性漆的喷涂流程 ··· 70

情境六 漆面缺陷抛光处理 ··· 75

  项目 研磨抛光处理 ··· 77
    任务 研磨抛光流程 ··· 77

维修案例一 左前保险杠碰撞变形，修复左前保险杠 ····························· 85

    任务一 判定左前保险杠损伤及制定维修方案 ······························ 87
    任务二 修复左前保险杠 ··· 89

维修案例二 前保险杠碰撞变形，修复前保险杠 ·································· 95

    任务一 判定前保险杠损伤及制定维修方案 ·································· 97
    任务二 修复前保险杠 ·· 99

维修案例三 左后门碰撞变形，修复左后门 ·· 105

    任务一 判定左后门损伤及制定维修方案 ····································· 107
    任务二 修复左后门 ··· 109

维修案例四 整车损伤，整车喷涂 ·· 117

    任务一 判定整车损伤及制定维修方案 ·· 119
    任务二 整车喷涂 ··· 122

情境一　车身涂装安全

 学习目标

> 知识目标：
> 1. 借助维修手册的指引，完成对车身涂装设备及防护的认识。
> 2. 通过学习，规范穿戴安全防护用品。
>
> 能力目标：
> 1. 能够按照标准流程对干磨设备、安全防护用品、用电设备等进行安全使用。
> 2. 能够根据各阶段的流程不同应用相应的设备及防护用品。
> 3. 能为车身涂装选择合适的安全防护。
>
> 素养目标：
> 1. 养成良好的工作安全意识。
> 2. 养成良好的5S工作习惯。
> 3. 能够遵守操作规范，遵守劳动纪律和环保要求。
> 4. 能够用资料说明、核查及评价自身的工作成果。

1

 情境导入

车型：2012 年丰田卡罗拉。

故障现象：左前门外部涂层被擦破。

故障原因：此车被侧碰，涂层被擦破，涂装师傅需要对其损伤处进行修复，在修复前需进行安全检查及工具准备。

分析：

汽车车身涂装行业是特殊行业，操作不当有可能会伤及工作者自身。车身涂装技术人员所面临的最大危险之一就是肺部所受到的潜在伤害，所以要对呼吸系统(肺部)进行保护；当然还有一些其他的潜在伤害，比如对眼睛、皮肤、手、脚的伤害等。

要彻底清除潜在的安全隐患，可分为两个任务来完成，见表1-1。

表 1-1 车身涂装安全

项目	人身安全
	设备安全

项目一　人身安全

项目描述

（一）学习目标
1. 能够掌握各种安全防护在车身涂装工艺流程中的使用。
2. 能够掌握各种安全防护的特点和使用方式。
3. 能够对知识进行归纳、总结。
（二）学习内容
1. 学习安全防护的种类名称及特点。
2. 学习安全防护的使用。
3. 制订使用计划，填写项目单。

任务　呼吸系统保护（防毒面具）、防护服、橡胶手套和护目镜及防护鞋

一、资讯

（一）人体容易受伤部位安全注意事项
1）严格按照防毒面具、防护服、橡胶手套和护目镜的使用手册进行使用。
2）听从老师的管理，禁止随意操作实训的各种设备。
3）安全操作，禁止明火。
4）注意劳动保护。
（二）呼吸系统保护（防毒面具）的作用
防毒面具的作用是将工作人员和有毒、有害气体隔离开，达到保护呼吸系统的目的。
防毒面具分为活性炭呼吸面罩和供气式呼吸面罩两种。由于全面罩式防毒面具价格比较贵，所以在企业里大多数都是用半面罩式的。请填写表1-2中的方框。

表1-2 防毒面具

（三）防护服、橡胶手套和护目镜的作用

防护服、橡胶手套和护目镜的作用是保护工作人员的身体不受有毒有害气体等的伤害，达到防护的目的。请填写表1-3中的方框。

表1-3 防护服、橡胶手套和护目镜

二、决策

每组六个人，每组选出一个负责人，负责人对小组任务进行分配，组员按照负责人的要求完成相应的内容，并将自己所在小组及个人任务内容填入表1-4中。

表 1-4　任务决策表

序号	小组任务	个人任务	负责人

三、计划

根据任务内容制订任务计划，简单说明任务实施过程及注意事项，见表 1-5。

表 1-5　任务计划表

工作内容：防毒面具、防护服、橡胶手套和护目镜的使用

橡胶手套

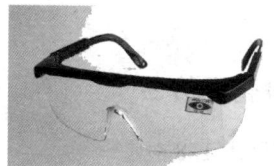

护目镜

防护服

防毒面具

序号	工作步骤
1	拿出防毒面具进行组装及使用
2	拿出护目镜进行使用
3	拿出防护服进行试穿使用
4	拿出橡胶手套进行使用

四、实施

1）实施准备，见表 1-6。

表1-6 实施准备安排表

场地准备	备件准备	资料准备
六人实习用地一块,对应数量的课桌椅及黑板一块	对应的防毒面具、防护服、护目镜和橡胶手套	教学课件、项目单、视频教学资料,网络教学资源

2)实施计划并完成表1-7的填写。

表1-7 计划实施记录表

步骤	名称	使用方式	注意事项
1			
2			
3			
4			

五、检查评估

评价表见表1-8。

表1-8 评价表

| 考核项目 | 评分标准 | 分数 | 扣分值 | | | 扣分理由 |
			学生自评	小组互评	教师评价	
团队合作	是否协调	5				
活动参与	是否积极主动	5				
安全生产	有无安全隐患	10				
现场5S	是否做到	10				
任务方案	是否正确、合理	15				
操作过程	是否标准、规范	30				
任务完成情况	是否圆满完成	5				
工具设备使用	是否规范、标准	10				
劳动纪律	是否能严格遵守	5				
工单填写	是否完整、规范	5				
总分		100				
学生签名(互评):		年 月 日			得分:	
教师签名:		年 月 日			得分:	

六、知识链接

1）车身涂装技术人员所面临的最大危险之一就是肺部所受到的潜在伤害。

车身涂装技术人员常使用的呼吸器是全面罩式呼吸面罩和半面罩式呼吸面罩两种。

2）手的保护：主要专业性手套有防御有害溶剂、油和酸性物质的橡胶手套聚氯乙烯（PVC）手套和耐磨的棉纱手套。

3）手被油或沥青一类物质弄脏后可以用专用洗手液或一些清洗产品进行清洗，这可以减轻对皮肤的损伤。

项目二　设备安全

项目描述

(一) 学习目标
1. 能够掌握各种涂装设备在车身涂装工艺流程中的使用。
2. 能够掌握各种涂装设备的特点和使用方式。
3. 能够对知识进行归纳、总结。
(二) 学习内容
1. 学习涂装设备的种类名称及特点。
2. 学习涂装设备的使用。
3. 制订使用计划，填写项目单。

任务　空压机、单作用打磨机、双作用打磨机和红外线烤灯

一、资讯

(一) 安全注意事项

1) 严格按照空压机、单作用打磨机、双作用打磨机和红外线烤灯的使用手册进行操作。

2) 听从老师的管理，禁止随意操作实训的各种设备。

3) 安全操作，禁止明火。

4) 注意劳动保护。

(二) 空压机的作用

空压机的作用是为车身涂装提供所需的气源。

空压机分为活塞式和连杆涡轮式两种。由于连杆涡轮式供气量大，而且比较安静，所以在企业里大多使用连杆涡轮式空压机。请填写表1-9中的方框。

表1-9 空压机

（三）单作用打磨机、双作用打磨机和红外线烤灯的作用

单作用打磨机、双作用打磨机和红外线烤灯的作用是能够让车身涂装维修得以很好地完成。请填写表1-10中的表格。

表1-10 单作用打磨机、双作用打磨机和红外线烤灯

		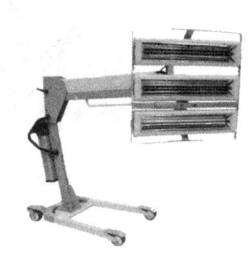

二、决策

每组六个人，每组选出一个负责人，负责人对小组任务进行分配，组员按照负责人的要求完成相应的内容，并将自己所在小组及个人任务内容填入表1-11中。

表1-11 任务决策表

序号	小组任务	个人任务	负责人

三、计划

根据任务内容制订任务计划,简单说明任务实施过程及注意事项,见表1-12。

表1-12 任务计划表

工作内容:空压机、单作用打磨机、双作用打磨机和红外线烤灯的安全使用	
 连杆涡轮式空压机	 单作用打磨机
 双作用打磨机	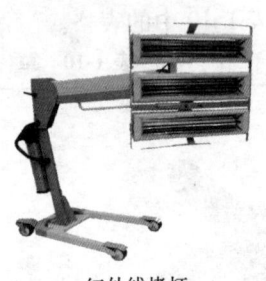 红外线烤灯

序号	工 作 步 骤
1	连杆涡轮式空压机的安全使用
2	单作用打磨机的安全使用
3	双作用打磨机的安全使用
4	红外线烤灯的安全使用

四、实施

1)实施准备,见表1-13。

表1-13 实施准备安排表

场地准备	备件准备	资料准备
六人实习用地一块,对应数量的课桌椅及黑板一块	对应的连杆涡轮式空压机、单作用打磨机、双作用打磨机和红外线烤灯	教学课件、项目单、视频教学资料,网络教学资源

2）实施计划并完成表1-14的填写。

表 1-14 计划实施记录表

步骤	名称	使用方式	注意事项
1			
2			
3			
4			

五、检查评估

评价表见表1-15。

表 1-15 评 价 表

考核项目	评分标准	分数	扣分值			扣分理由
			学生自评	小组互评	教师评价	
团队合作	是否协调	5				
活动参与	是否积极主动	5				
安全生产	有无安全隐患	10				
现场5S	是否做到	10				
任务方案	是否正确、合理	15				
操作过程	是否标准、规范	30				
任务完成情况	是否圆满完成	5				
工具设备使用	是否规范、标准	10				
劳动纪律	是否严格遵守	5				
工单填写	是否完整、规范	5				
总分		100				
学生签名（互评）：		年 月 日				得分：
教师签名：		年 月 日				得分：

六、知识链接

（一）设备操作人员使用建议

1. 使用前的准备工作

使用前，先将三合一套管分别与吸尘器和磨机连接，检查吸尘器选择旋钮是否旋至AUTO档，电源、气源是否接通。打磨机一定要装上砂纸，起动打磨机开关试运行一下。

2. 每天保养步骤

1）每天工作结束后，断开电源、气源。取下打磨机吹干净，放入工具箱，锁住。

2）用压缩空气吹干净吸尘器外部；取下工具箱，取下适配器，打开吸尘器上盖。

3）如果工作量大，需要及时清空吸尘袋。小心取下吸尘袋，将灰尘清空后重新装上吸尘袋。取下和安装吸尘袋时应小心操作，清空吸尘袋时应特别小心，以免将吸尘纸袋弄破。如果工作量不大，应在粉尘装到1/3时清空吸尘袋。

3. 每周保养步骤

1）每周工作结束后，断开电源、气源。将吸尘器外部清洁干净；取下打磨机，吹干净；用内六角螺钉旋具旋下磨垫，将打磨机防尘壳里面蓄积的粉尘清理干净。

2）检查打磨机手柄处吸尘通道管，其内如有集尘结块，应用小螺钉旋具清洁干净；装上磨垫，放入工具箱，锁住。

3）取下三合一套管，检查套管旋转是否灵活，如不灵活，应及时报告；检查三合一套管与打磨机连接端管口是否有集尘，如有，应清洁；取下适配器清理与三合一套管连接处的粉尘。

4）打开吸尘器上盖，检查空气滤清器上的灰尘量，如果灰尘很多，应及时检查吸尘袋是否安装正确或破裂；如已破裂，应更换，并清洁空气滤清器和吸尘器内部。清洁空气滤清器的方法是将其取下，用低气压由内向外轻吹纸滤芯至干净。

5）取下吸尘袋，将灰尘清空后重新装上，操作时应特别小心，以免将吸尘纸袋弄破；如果吸尘袋已破裂，应及时更换；盖上吸尘器盖子，锁住。

6）检查伺服系统油杯内的润滑油量，如不到1/4量，应报告。

7）装上适配器；装上工具箱，锁住；将电源线缠绕好，将吸尘管缠绕好，放置。

4. 清理吸尘器内部灰尘

将另一台吸尘器上的适配器拔出，将专用的吸尘管（吸尘器开封时，从吸尘器吸尘腔内拿出）插入此吸尘器吸尘接口，将吸尘器控制旋钮调节到"MAN"档，将吸尘头伸入需要清洁的吸尘器内部吸尘。吸尘完毕，用一块半干的毛巾将吸尘器内部清理干净，晾干。

（二）操作人员注意事项

1）打磨机使用建议。

① 将打磨机平放在需要打磨的表面部位进行打磨，尽量避免倾斜打磨。

② 避免让磨垫的边缘碰触棱角、立面。

③ 对于圆形打磨机，让打磨机平缓地移动即可，不需要频繁地快速移动打磨机；一般不需要用力压住打磨机打磨，以免影响打磨速度或造成工具内部的损坏。

2）不要让重物轧过三合一套管，以免损伤三合一套管；在移动设备时，应将三合一套管缠绕好后再移动，以免三合一套管在移动的过程中磨穿或被尖锐物体划伤而导致吸尘效果不好；禁止用三合一套管拖动吸尘器。

3）砂纸孔应对准磨垫孔，砂纸应完全覆盖磨垫。禁止不装砂纸打磨或装上砂纸后磨垫搭扣层没有被完全覆盖。

4）打磨机工作压力。打磨机工作的最佳压力是600kPa，低于600kPa会影响打磨机工作的力量，超过650kPa会导致打磨机加速磨损，应杜绝。

5）如果吸尘效果变差，应首先检查吸尘器是否工作（有可能电源未连通）、控制选择开

关是否置于"AUTO"档,接着打开吸尘器上盖检查集尘袋是否破裂,或有其他地方出现破裂情况,检查吸尘通道是否有堵塞情况。

6)如果打磨机工作无力,或者不工作,应检查气压是否太低、导气铜管是否断裂、导气铜管上是否有密封垫圈以及气路各个连接处是否有漏气情况。

7)长时间没有使用打磨机,在重新使用前应从导气铜管开口滴入几滴润滑油。

8)对于各种异常情况应及时报告。

情境二　损伤评估

 学习目标

> 知识目标：
> 1. 能够简单表述车身不同损伤面的情况。
> 2. 能够根据工单进行损伤评估。
> 3. 能为车身损伤面选择合适的评估方式。
>
> 能力目标：
> 1. 借助维修手册的指引，完成对车身损伤面的初步评估。
> 2. 能够根据不同损伤面进行规范的损伤评估。
>
> 素养目标：
> 1. 养成良好的工作安全意识。
> 2. 养成良好的5S工作习惯。
> 3. 能够遵守操作规范，遵守劳动纪律和环保要求。
> 4. 能够用资料说明、核查及评价自身的工作成果。

2

 情境导入

车型：2012年丰田卡罗拉。
故障现象：左后门板发生碰撞导致涂层被擦破。
故障原因：此车被侧碰，左后门涂层被擦破，涂装师傅需要对其损伤处进行修复，在修复前需对损伤面进行评估。
分析：
　　损伤评估是汽车车身涂装的第一步，在企业里只有学会看工单才有可能完成下一步的工作。所以要对车身进行损伤评估。
　　车身损伤评估可按照其工作特点分为一个任务来完成，如图2-1所示。

看工单、损伤程度 = 车身损伤评估

图2-1　对车身损伤进行评估

项目 看工单、损伤程度评估和涂层类型鉴别

项目描述

(一)学习目标
1. 能够掌握看工单、损伤程度评估和涂层类型鉴别的流程。
2. 能够掌握看工单、损伤程度评估和涂层类型鉴别的特点及方法。
3. 能够对知识进行归纳、总结。
(二)学习内容
1. 学习车身损伤评估的方法。
2. 学习看工单、损伤程度评估和涂层类型鉴别的流程。
3. 制订使用计划,填写项目单。

任务 看工单、损伤程度评估和涂层类型鉴别

一、资讯

(一)安全注意事项
1)严格按照规范流程进行看工单、损伤程度评估和涂层类型鉴别。
2)听从老师的管理,禁止随意操作实训的各种设备。
3)安全操作,禁止明火。
4)注意劳动保护。
(二)看工单及损伤程度评估的作用
看工单及损伤程度评估的作用是确定客户要求维修的项目和确定维修的方案。
损伤程度评估一般有目测评估、触摸评估和直尺评估三种。由于目测评估和触摸评估比较方便,所以在企业里大多都采用目测评估和触摸评估这两种。请填写表2-1中的方框。

表 2-1 损伤程度评估

	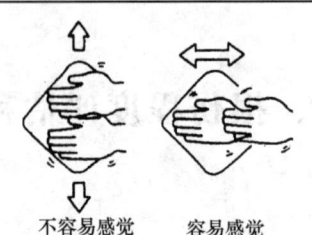 不容易感觉　　容易感觉	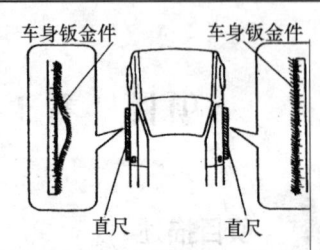 直尺　　直尺

（三）涂层类型鉴别的作用

涂层类型鉴别的作用是确认车身原色采用的是哪种类别的涂层，为调色和喷涂打下良好的基础。

二、决策

每组六个人，每组选出一个负责人，负责人对小组任务进行分配，组员按照负责人的要求完成相应的内容，并将自己所在小组及个人任务内容填入表2-2中。

表 2-2 任务决策表

序号	小组任务	个人任务	负责人

三、计划

根据任务内容制订任务计划，简单说明任务实施过程及注意事项，见表2-3。

表 2-3 任务计划表

车型：2012年丰田卡罗拉

主要内容：对2012年丰田卡罗拉左后门进行损伤评估

车辆损伤评估表			
车牌号		评估日期	
门板平面损伤情况		门板冲压线损伤情况	

损伤评估工单

2012年丰田卡罗拉左后门

(续)

序号	工作步骤
1	看维修工单,确定维修范围
2	对丰田卡罗拉左后门进行损伤程度评估
3	对丰田卡罗拉涂层类别进行评估鉴别

四、实施

1)实施准备,见表2-4。

表2-4 实施准备安排表

场地准备	备件准备	资料准备
六人实习用地一块,对应数量的课桌椅及黑板一块	对应的丰田卡罗拉左后门、尺子、白色的清洁布	教学课件、项目单、视频教学资料,网络教学资源。

2)实施计划并完成表2-5的填写。

表2-5 计划实施记录表

步骤	损伤评估方式	使用工具	注意事项
1			
2			
3			
4			
5			
6			

五、检查评估

评价表见表2-6。

表2-6 评 价 表

| 考核项目 | 评分标准 | 分数 | 扣分值 | | | 扣分理由 |
			学生自评	小组互评	教师评价	
团队合作	是否协调	5				
活动参与	是否积极主动	5				
安全生产	有无安全隐患	10				

(续)

考核项目	评分标准	分数	扣分值			扣分理由
			学生自评	小组互评	教师评价	
现场 5S	是否做到	10				
任务方案	是否正确、合理	15				
操作过程	是否标准、规范	30				
任务完成情况	是否圆满完成	5				
工具设备使用	是否规范、标准	10				
劳动纪律	是否能严格遵守	5				
工单填写	是否完整、规范	5				
总分		100				
学生签名(互评):			年　月　日			得分:
教师签名:			年　月　日			得分:

六、知识链接

1. 判断汽车是否经过重新喷涂的方法

（1）打磨法

打磨需要修补部位的某一边缘，直到露出金属。观察漆面分层情况、颜色情况。

（2）测量涂层厚度法

如果涂层厚度大于新车涂层的标准厚度，说明这辆车曾经进行过重新喷涂。

2. 车身原有涂层类型的确定方法

（1）视觉检查法

如果用粗蜡（或砂纸）打磨漆面，若布上沾有漆色，则说明漆面是单层式面漆；若没有沾上漆色，则说明漆面是双层（色漆+清漆）式面漆。

若漆面表层结构粗糙，经打磨后产生一种类似抛光的效果，则说明涂敷的是一种抛光型漆；如果出现一种聚丙烯尿烷特有的光泽，可以判定涂敷的是聚丙烯型漆。假设用砂纸打磨漆面，若漆层有弹性且砂纸粘滞，则说明是未全硬固的烤漆。

（2）涂抹溶剂法

用棉纱浸入硝基稀释剂，在涂装表面上摩擦，擦不掉的涂料便是烘烤型或聚氨酯型，而可擦到布上的涂料则是自然干燥型（硝基型）。

（3）加热检查法

首先用 800#砂纸湿磨，消除原漆面光泽。然后用红外线灯加热打磨过的部位。如果这时漆面上的光泽重现，表明涂层是树脂型漆。一般涂层加热后会发生一定程度的变软。

3. 评估损坏程度

（1）目测评估

根据光照射钣金件的反射情况，以评估损坏的程度及受影响面积的大小，做好记录。
(2) 触摸评估
戴上手套，从各个方向触摸受损的区域，但不要用力压。
(3) 直尺评估
评估损坏的和未损坏的车身钣金件之间的间隙相差多少。

情境三 面漆前处理

学习目标

> 知识目标：
1. 能够简单表述车身面漆前处理的步骤及流程。
2. 能够根据各阶段的流程应用相应的设备及防护用品。
3. 能为车身面漆前处理选择合适的操作方式。

> 能力目标：
1. 借助维修手册的指引，初步完成对车身面漆的前处理。
2. 能够按照标准流程对损伤面进行去除旧涂层、打磨羽状边、刮涂腻子及打磨腻子。

> 素养目标：
1. 养成良好的工作安全意识。
2. 养成良好的5S工作习惯。
3. 能够遵守操作规范，遵守劳动纪律和环保要求。
4. 能够用资料说明、核查及评价自身的工作成果。

情境导入

车型： 2012年丰田卡罗拉。

故障现象： 左后门板发生碰撞变形。

故障原因： 此车被侧碰，左后门变形，涂装师傅需要对其损伤处进行修复，在修复中要进行面漆前处理。

分析：

汽车车身涂装中对于损伤的旧漆膜必须经过适当的处理后，才能进行修补；不同的漆膜、不同的损伤程度，对旧漆膜的处理要求也不同。打磨羽状边是为了提高腻子的附着力，同时也为打磨平整打下了基础。

要对损伤面进行合理的处理，按照流程可分为四个任务来完成，见表3-1。

表 3-1 任务流程

项目	
	去除旧涂层
	打磨羽状边
	刮涂腻子
	打磨腻子

项目一 去除旧涂层

**项目描述**

(一) 学习目标
1. 能够掌握车身涂装工艺流程中去除旧涂层的标准流程。
2. 能够掌握去除旧涂层所使用设备工具的特点及使用方式。
3. 了解去除旧涂层的目的。
4. 能够对知识进行归纳、总结。

(二) 学习内容
1. 学习去除旧涂层使用设备工具的种类名称及特点。
2. 学习去除旧涂层的流程。
3. 制订使用计划,填写项目单。

任务 去除旧涂层的流程

一、资讯

(一) 安全注意事项
1) 严格按照规范流程进行操作。
2) 听从老师的管理,禁止随意操作实训的各种设备。
3) 安全操作,禁止明火。
4) 注意劳动保护。

(二) 去除旧涂层的作用

去除旧涂层的作用是为了清除不好的涂层,不影响喷涂的效果;防止腻子脱落、达到良好喷涂效果的目的。

去除旧涂层所用到的设备工具有单作用打磨机、砂纸(80#)、尺子、笔等。由于水磨去除旧涂层有效率低、工作量大等缺点,故一般在企业里大多采用干磨去除旧涂层。请填写表3-2中的表格。

二、决策

每组六个人,每组选出一个负责人,负责人对小组任务进行分配,组员按照负责人的要求完成相应的内容,并将自己所在小组及个人任务内容填入表3-3中。

表 3-2 设备工具

		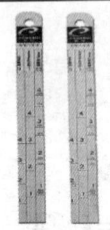

表 3-3 任务决策表

序　号	小组任务	个人任务	负责人

三、计划

根据任务内容制订任务计划，简单说明任务实施过程及注意事项，见表 3-4。

表 3-4 任务计划表

车型：2012 年丰田卡罗拉
主要内容：对 2012 年丰田卡罗拉左后门损伤面去除旧涂层

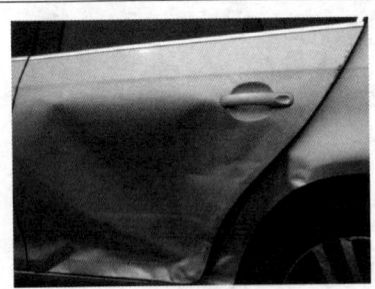	
卡罗拉左后门	单作用打磨机
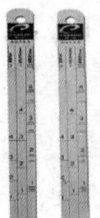	
尺子	砂纸（80#）

情境三 面漆前处理

(续)

序 号	工 作 步 骤
1	对板件进行除尘、除油
2	用尺子和笔确定去除旧涂层的范围
3	用单作用打磨机和砂纸(80#)对确定的范围去除旧涂层
4	再次对损伤面进行除尘

四、实施

1）实施准备，见表3-5。

表3-5 实施准备安排表

场地准备	备件准备	资料准备
六人实习用地一块，对应数量的课桌椅及黑板一块	对应的丰田卡罗拉左后门、单作用打磨机、砂纸(80#)、尺子、笔、气枪	教学课件、项目单、视频教学资料，网络教学资源

2）实施计划并完成表3-6的填写。

表3-6 计划实施记录表

步 骤	操 作 方 式	使 用 工 具	注 意 事 项
1			
2			
3			
4			

五、检查评估

评价表见表3-7。

表3-7 评 价 表

| 考核项目 | 评分标准 | 分数 | 扣分值 | | | 扣分理由 |
			学生自评	小组互评	教师评价	
团队合作	是否协调	5				
活动参与	是否积极主动	5				
安全生产	有无安全隐患	10				
现场5S	是否做到	10				
任务方案	是否正确、合理	15				
操作过程	是否标准、规范	30				
任务完成情况	是否圆满完成	5				
工具设备使用	是否规范、标准	10				

(续)

考核项目	评分标准	分数	扣分值			扣分理由
			学生自评	小组互评	教师评价	
劳动纪律	是否严格遵守	5				
工单填写	是否完整、规范	5				
总 分		100				
学生签名(互评):		年 月 日			得分:	
教师签名:		年 月 日			得分:	

六、知识链接

1. 原则

清除到没有损伤的涂层为止。

2. 漆面没有大缺陷的旧涂层的处理方法

一般情况下,面漆的下面涂层基本没有损坏或只有很少地方需要修补。因此,只要将面漆表面进行适当的打磨,磨掉已经氧化、变差的一层,露出良好的底层即可。

3. 漆面有缺陷的旧涂层的处理

(1) 对于小的缺陷

在缺陷部位进行打磨,直到露出没有受到损伤的涂层或金属。

(2) 对于面积较大的缺陷

可以用喷砂机进行喷砂除漆,或用化学法及打磨的方法将旧涂层脱漆,然后进行必要的清洁处理。

单作用打磨机分为电动打磨机和气动打磨机两种,由于气动打磨机存在不稳定性等缺点,故大多数企业都采用电动打磨机。

低速打磨机主要用于刮去旧涂层,高速打磨机主要用于漆面的抛光,也就是抛光机。

4. 打磨操作时注意事项

1) 操作打磨机时,一定要在接触到钣金件表面前开动打磨机,防止打磨出过深的沟槽。

2) 为了防止钣金件过热变形,不要将打磨机停在一个位置过长时间。

3) 不允许采用粗砂磨料以 90°角交叉打磨凸出很高的表面,这样做会造成很深的打磨伤痕,以后很难将其除去。

4) 千万不要让粗砂磨料接触打磨区域附近完好的涂层表面,应把完好的涂层保护起来。

项目二　打磨羽状边

项目描述

（一）学习目标
1. 能够掌握车身涂装工艺流程中打磨羽状边的标准流程。
2. 能够掌握打磨羽状边所使用设备工具的特点及使用方式。
3. 了解打磨羽状边的目的。
4. 能够对知识进行归纳、总结。

（二）学习内容
1. 学习打磨羽状边使用设备工具的种类名称及特点。
2. 学习打磨羽状边的流程。
3. 制订使用计划，填写项目单。

任务　打磨羽状边的流程

一、资讯

（一）安全注意事项
1）严格按照规范流程进行操作。
2）听从老师的管理，禁止随意操作实训的各种设备。
3）安全操作，禁止明火。
4）注意劳动保护。

（二）打磨羽状边的作用

打磨羽状边的作用是为了施涂腻子有一个平滑的过渡；防止腻子有印痕及脱落；达到良好喷涂效果的目的。

打磨羽状边所用到的设备工具有双作用打磨机、砂纸（120#）、气枪等；由于水磨打磨羽状边有效率低、工作量大等缺点，一般在企业里大多采用干磨打磨羽状边。请填写表3-8中的表格。

表 3-8　设备工具

二、决策

每组六个人，每组选出一个负责人，负责人对小组任务进行分配，组员按照负责人的要求完成相应的内容，并将自己所在小组及个人任务内容填入表 3-9 中。

表 3-9　任务决策表

序　号	小组任务	个人任务	负　责　人

三、计划

根据任务内容制订任务计划，简单说明任务实施过程及注意事项，见表 3-10。

表 3-10　任务计划表

车型：2012 年丰田卡罗拉

主要内容：2012 年丰田卡罗拉左后门损伤面（去除旧涂层的）进行打磨羽状边

 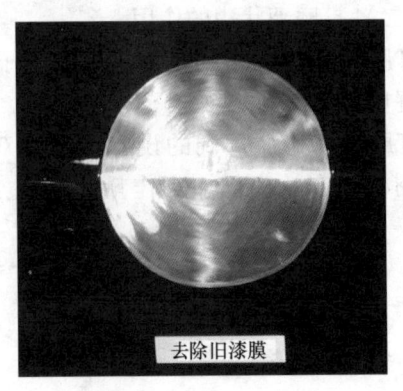

(续)

序 号	工作步骤
1	对板件进行除尘、除油
2	用双作用打磨机和砂纸(120#)对确定的范围进行打磨羽状边
3	用双作用打磨机和砂纸(120#)打磨亚光区(10~15cm)
4	再次对损伤面进行除尘

四、实施

1) 实施准备,见表3-11。

表3-11 实施准备安排表

场地准备	备件准备	资料准备
六人实习用地一块,对应数量的课桌椅及黑板一块	对应的丰田卡罗拉左后门(去除旧涂层的)、双作用打磨机、砂纸(120#)、气枪	教学课件、项目单、视频教学资料,网络教学资源

2) 实施计划并完成表3-12的填写。

表3-12 计划实施记录表

步 骤	操作方式	使用工具	注意事项
1			
2			
3			
4			

五、检查评估

评价表见表3-13。

表 3-13 评 价 表

考核项目	评分标准	分数	扣分值			扣分理由
			学生自评	小组互评	教师评价	
团队合作	是否协调	5				
活动参与	是否积极主动	5				
安全生产	有无安全隐患	10				
现场 5S	是否做到	10				
任务方案	是否正确、合理	15				
操作过程	是否标准、规范	30				
任务完成情况	是否圆满完成	5				
工具设备使用	是否规范、标准	10				
劳动纪律	是否能严格遵守	5				
工单填写	是否完整、规范	5				
总 分		100				
学生签名(互评):			年 月 日		得分:	
教师签名:			年 月 日		得分:	

六、知识链接

1. 原则

打磨至平顺无阶梯。

2. 什么是羽状边

在去除久旧涂膜后、刮涂腻子之前,需要产生一个宽的、平顺的边缘。通过打磨涂膜边缘,形成一个平缓的斜坡,这个斜坡就是羽状边。

3. 羽状边的重要性

羽状边在干磨工艺中是非常重要的,会直接影响到腻子打磨后的平整度。如果没有做好这道工序,施涂面漆以后,会出现明显的边界痕迹。

4. 羽状边的要求

羽状边的打磨要求是过渡平顺。打磨时,采用 P80、P120 干磨砂纸配合 6 号打磨头打磨,宽度在 2~3cm。面漆上的亚光区,宽度控制在 3~5cm。

5. 羽状边的打磨技能及注意事项

1)操作时先要调节好适当的转速,待打磨头接触工件表面再起动打磨机。打磨时工件与打磨头的角度控制在 5°~10°。

2)打磨时先把边缘涂膜除去,再将中间的旧涂膜去除。对于凹陷处的旧涂膜,打磨不到的则用手工除去干净。这是为了防止腻子因为黏附力不强而脱落。

3)打磨羽状边时选择砂纸的顺序是 P80、P120、P180,两个砂纸之间的跳号不得超过 100 号。这是为了防止留下前一道打磨的砂纸痕。

4)采用从外到内的打磨方法,顺着打磨机的旋转方向顺时针打磨,尽量用打磨头 1/3 的面积去打磨。打磨过程中手往下压的力度要合适,以避免将打磨区域扩大,使得羽状边打磨出来形状不规则。

5)5S 整理。

项目三 刮涂腻子

项目描述

（一）学习目标
1. 能够正确使用安全防护用品。
2. 能够正确按照流程去调配腻子。
3. 能够按照标准流程在刮涂范围内刮涂腻子。
4. 了解腻子的特性。

（二）学习内容
1. 各种刮涂工具的使用。
2. 腻子调配、刮涂方法及流程。
3. 安全防护知识。
4. 腻子的特性及种类。

任务　刮涂腻子的流程

一、资讯

（一）安全注意事项

1）严格按照规范流程进行操作。

2）听从老师的管理，禁止随意操作实训的各种设备。

3）安全操作，禁止明火。

4）正确使用劳保用品。

（二）涂腻子的作用

腻子能使受损的底材恢复到受损前的形状，与底漆、中涂底漆及面漆有良好的配套性，不会发生咬底、起皱、开裂等现象，有较强的涂层间粘合力。

刮涂时所用到的工具及材料有腻子、刮刀、刮板、安全防护等，见表3-14。

表3-14　设备工具

	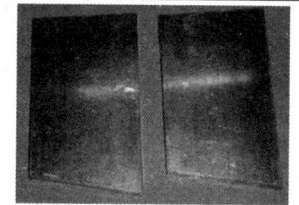	 
防毒面具	灰刀	除油布、除油剂

二、决策

每组六个人,每组选出一个负责人,负责人对小组任务进行分配,组员按照负责人的要求完成相应的内容,并将自己所在小组及个人任务内容填入表 3-15 中。

表 3-15 任务决策表

序 号	小 组 任 务	个 人 任 务	负 责 人

三、计划

根据任务内容制订任务计划,简单说明任务实施过程及注意事项,见表 3-16。

表 3-16 任务计划表

车型:2012 年丰田卡罗拉
主要内容:2012 年丰田卡罗拉左后门损伤面进行腻子刮涂

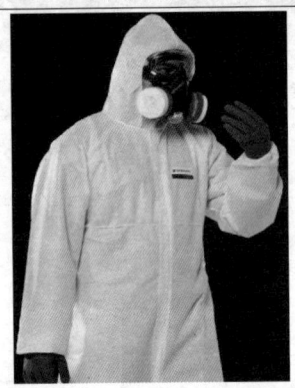

安全防护

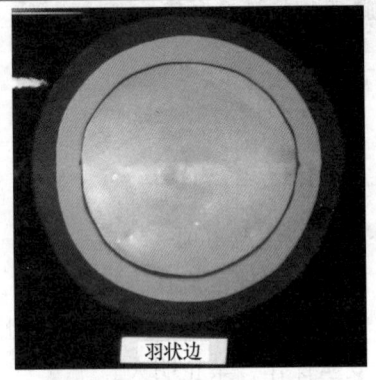

卡罗拉左后门(完成羽状边打磨)

腻子

刮刀

序 号	工 作 步 骤
1	使用安全防护用品,对板件进行吹尘、除油
2	检查板件受损程度、调配腻子
3	刮涂腻子(第一道腻子要薄刮,然后逐渐将凹坑最深先填充,刮涂厚度不得超过 2mm 每次)
4	干燥腻子

四、实施

1)实施准备,见表 3-17。

表 3-17 实施准备安排表

场地准备	备件准备	资料准备
六人实习用地一块,对应数量的课桌椅及黑板一块	对应的丰田卡罗拉左后门(已经打磨好羽状边)、腻子、刮刀、刮板等	教学课件、项目单、视频教学资料,网络教学资源

2)实施计划并完成表 3-18 的填写。

表 3-18 计划实施记录表

步骤	操作方式	使用工具	注意事项
1			
2			
3			
4			

五、检查评估

评价表见表 3-19。

表 3-19 评 价 表

考核项目	评分标准	分数	扣分值			扣分理由
			学生自评	小组互评	教师评价	
团队合作	是否协调	5				
活动参与	是否积极主动	5				
安全生产	有无安全隐患	10				
现场 5S	是否做到	10				
任务方案	是否正确、合理	15				
操作过程	是否标准、规范	30				
任务完成情况	是否圆满完成	5				
工具设备使用	是否规范、标准	10				
劳动纪律	是否能严格遵守	5				
工单填写	是否完整、规范	5				
总分		100				
学生签名(互评):		年 月 日			得分	
教师签名:		年 月 日			得分	

六、知识链接

1. 原则

腻子刮涂分两三次完成，厚度不超过 5mm。

2. 腻子刮涂的重要性及作用

腻子的刮涂与打磨是喷涂作业中一个重要的环节，腻子施工的好坏将直接影响涂层最终表面的质量。腻子有能使受损的底材恢复到受损前形状的作用。

3. 车身修补腻子的特性

1）与底漆、中涂底漆及面漆有良好的配套性，不发生咬底、起皱、开裂、脱落等现象，有较强的涂层间的粘合能力。

2）具有良好的刮涂性能。垂直面刮涂性能良好，无流淌现象；具有一定的韧性，附着力好。

3）打磨性良好。易打磨、不沾砂纸，适合干膜。

4）干燥性能良好，能在规定的时间内干燥、打磨。

4. 腻子的种类

腻子可分为聚酯腻子、硝基腻子、塑料腻子和其他腻子。

5. 腻子的刮涂工具

刮板是刮涂腻子的主要工具，一般按其材料成分可分为塑料刮板、橡胶刮板、钢片刮板；按其软硬程度可分为硬刮板、软刮板。

6. 刮涂腻子的技能要求及注意事项

1）调配腻子时要调配均匀，固化剂与腻子的比例为 1%~3%∶1，调和均匀。

2）刮涂腻子时要合理，刮涂的范围不超出上一步打磨的范围；刮涂的厚度不得超过 5mm，否则就会降低腻子的性能，影响腻子的寿命。

3）对于小面积的刮涂，第一道腻子一定要薄，否则会影响腻子与金属表面的附着力。刮板与板件角度控制在 45°~70°。

4）对整个面进行收边，使得腻子的边缘较薄，中间凹坑区域饱满。注意收的力度，刮到中间时不要太用力，将刮涂的弧度刮出来。腻子刮涂完成后，腻子的平面应高于工件平面。

5）剩余的腻子要按规定放回到指定的位置。

6）5S 整理。

项目四　打磨腻子

项目描述

（一）学习目标
1. 能够正确使用打磨工具及设备。
2. 能够正确掌握腻子打磨时干磨砂纸的选择。
3. 能够懂得打磨腻子的标准流程。
4. 能够安全操作。
（二）学习内容
1. 学习干磨设备特点及其使用的方法。
2. 学习打磨腻子的流程。
3. 学习砂纸的选择。

任务　打磨腻子的流程

一、资讯

（一）安全注意事项
1）严格按照规范流程进行操作。
2）听从老师的管理，禁止随意操作实训的各种设备。
3）安全操作，禁止危险操作。
4）使用安全防护用品。
（二）打磨腻子的作用
打磨腻子的作用是为面漆的喷涂提供良好的基础，确保面漆的喷涂质量。防止喷涂出现咬底、针孔等现象。

打磨腻子所用到的设备工具有无尘打磨机、双作用打磨机、炭粉、砂纸、除油剂和除油布等用品。请填写表 3-20 中的表格。

表 3-20　设备工具

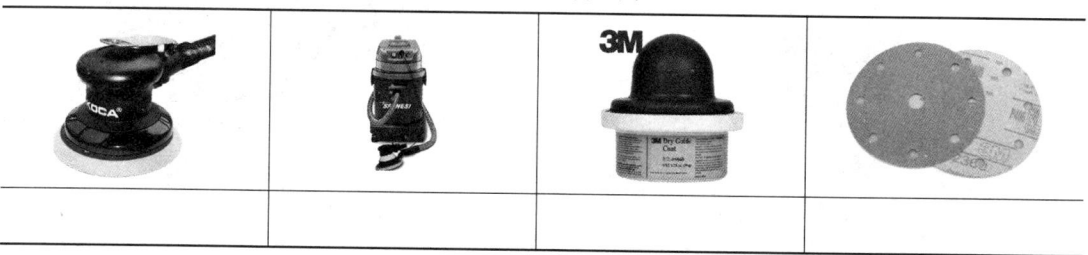

二、决策

每组六个人,每组选出一个负责人,负责人对小组任务进行分配,组员按照负责人的要求完成相应的内容,并将自己所在小组及个人任务内容填入表 3-21 中。

表 3-21 任务决策表

序 号	小组任务	个人任务	负责人

三、计划

根据任务内容制订任务计划,简单说明任务实施过程及注意事项,见表 3-22。

表 3-22 任务计划表

车型:2012 年丰田卡罗拉
主要内容:2012 年丰田卡罗拉左后门损伤面腻子的打磨

双作用打磨机

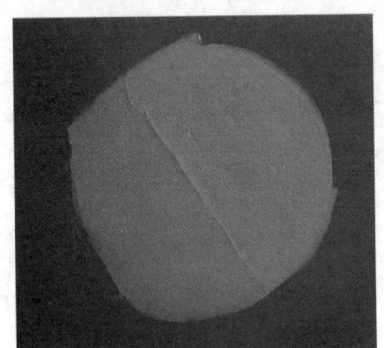

卡罗拉左后门(完成填补原子灰)

无尘干磨机

手刨

(续)

序 号	工 作 步 骤
1	对板件进行除尘清洁
2	用手刨配合P80、120号砂纸在腻子范围内打磨
3	手刨配合P180砂纸打磨接口至无阶梯，P240配合双作用打磨机打磨15cm亚光区
4	最后清洁除尘

四、实施

1) 实施准备，见表3-23。

表3-23 实施准备安排表

场 地 准 备	备 件 准 备	资 料 准 备
六人实习用地一块，对应数量的课桌椅及黑板一块	对应的丰田卡罗拉左后门（已经刮涂好腻子）、双作用打磨机、砂纸（P80—P240）、手刨、干磨机、气枪	教学课件、项目单、视频教学资料，网络教学资源

2) 实施计划并完成表3-24的填写。

表3-24 计划实施记录表

步 骤	操作方式	使用工具	注意事项
1			
2			
3			
4			

五、检查评估

评价表见表3-25。

表3-25 评 价 表

| 考核项目 | 评分标准 | 分数 | 扣分值 | | | 扣分理由 |
			学生自评	小组互评	教师评价	
团队合作	是否协调	5				
活动参与	是否积极主动	5				
安全生产	有无安全隐患	10				
现场5S	是否做到	10				
任务方案	是否正确、合理	15				
操作过程	是否标准、规范	30				
任务完成情况	是否圆满完成	5				

(续)

考核项目	评分标准	分数	扣分值			扣分理由
			学生自评	小组互评	教师评价	
工具设备使用	是否规范、标准	10				
劳动纪律	是否能严格遵守	5				
工单填写	是否完整、规范	5				
总分		100				
学生签名(互评):		年　月　日				得分:
教师签名:		年　月　日				得分:

六、知识链接

1. 原则

腻子打磨后应无砂纸痕、无砂眼、平整无阶梯，涂层恢复到原来形状。

2. 腻子打磨的重要性

腻子的刮涂与打磨是喷涂作业中一个重要的环节，腻子施工的好坏将直接影响涂层最终表面的质量。所以掌握腻子的打磨技能是车身修复的基础。

3. 打磨腻子的主要工具

双作用的打磨 6 号打磨头、轨道式打磨头等。

4. 打磨腻子的技能要求及注意事项

1）粗打磨时将 P80 号砂纸装到轨道式、双作用式打磨机或吸尘手刨打磨块上，对整个腻子施涂的表面进行打磨。打磨时要由里向外"米"字形方向移动打磨机和打磨块将腻子表面打磨出大致形状，注意不要研磨到旧漆膜上。

2）使用 80 号砂纸打磨只是要求将腻子基本平整，但不求光滑。打磨时手刨要尽量放平，速度要慢，与腻子充分接触，采用"米"字和"井"字形交叉打磨法。

3）精打磨(表面修整)。用指尖触摸粗打磨表面，结合使用 P120~P180 型砂纸、手磨板和橡胶块，打磨出最终表面。注意不得打磨过度。

4）使用 120 号砂纸打磨主要是使得腻子达到平整，弧形面造型与原来一致。打磨时手刨要尽量放平，速度要慢、与腻子充分接触，采用"米"字和"井"字形交叉打磨法。打磨时要经常用手去抚摸表面，防止将腻子打磨穿。

5）第三道打磨主要是去除前道打磨留下来的砂纸痕，使得腻子平顺及光滑、边缘无接口。

6）如果凹痕在抹第一遍腻子时没有填平，或者有的部位因打磨过度而低于基准面太多，则应用腻子重新进行矫正。这种情况下，应重新施涂腻子。

4 情境四　喷涂前处理

 学习目标

> 知识目标：
1. 能够简单表述车身喷涂中喷中涂及打磨中涂的作用。
2. 能够按照正确的操作要领及手法对不同板件进行喷涂操作。
3. 能为车身涂装中喷中涂及打磨中涂选择合适的安全防护。
> 能力目标：
1. 借助维修手册的指引，完成对车身涂装中喷中涂及打磨中涂的设备及防护的认识。
2. 能够掌握车身涂装工艺流程中喷中涂的标准流程。
3. 能够按照正确的操作要领及手法对不同板件进行喷涂操作。
4. 能够掌握打磨中涂底漆的操作技巧。
> 素养目标：
1. 养成良好的工作习惯。
2. 养成良好的工作安全意识。
3. 养成良好的5S工作习惯。
4. 能够遵守操作规范，遵守劳动纪律和环保要求。
5. 能够用资料说明、核查及评价自身的工作成果。

 情境导入

车型：2012年丰田卡罗拉。
故障现象：左后门外部涂层被擦破。
故障原因：此车被侧碰，左后门涂层被擦破，涂装师傅需要对其损伤处进行修复。

分析

汽车车身涂装中喷中涂底漆是为了给施涂面漆打下了良好的基础，提高面漆的粘附力，覆盖住原子灰的一些细小缺陷。打磨过的中涂底漆能更好地和面漆结合，提高面漆的质量。

对需要喷涂的板件进行合理的处理，按照其流程分为3个任务来完成，见表4-1。

4

表 4-1 任务流程

项目	喷中涂底漆
	打磨中涂底漆
	贴护

项目一　喷中涂底漆

项目描述

（一）学习目标
1. 能够掌握车身涂装工艺流程中喷中涂底漆的标准流程。
2. 能够掌握喷中涂底漆的手法及技巧。
3. 能够了解喷中涂底漆的目的。

（二）学习内容
1. 学习喷中涂底漆时的各个要求。
2. 学习喷中涂底漆的工艺流程。
3. 制订使用计划，填写项目单。

任务　喷中涂的流程

一、资讯

（一）安全注意事项
1）严格按照规范流程进行操作。
2）听从老师的管理，禁止随意操作实训的各种设备。
3）安全操作，禁止明火。
4）注意劳动保护。

（二）喷中涂底漆的作用

中涂底漆在涂层中是在面漆之下的涂层，主要起增强涂层间附着力，以及加强底涂层的封闭性和填充细微痕迹的作用。因此中涂底漆要有一定的附着力、耐溶剂性及填充性，以保证为面漆提供一个完美的施工表面，并能突出面漆的装饰性。

喷中涂底漆所用到的设备工具有底漆喷枪、量杯、搅拌尺等。请填写表4-2中的表格。

表4-2　设备工具

		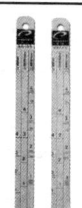

二、决策

每组六个人,每组选出一个负责人,负责人对小组任务进行分配,组员按照负责人的要求完成相应的内容,并将自己所在小组及个人任务内容填入表4-3中。

表4-3 任务决策表

序 号	小组任务	个人任务	负责人

三、计划

根据任务内容制订任务计划,简单说明任务实施过程及注意事项,见表4-4。

表4-4 任务计划表

序 号	工 作 步 骤
1	先把中涂底漆倒入量杯并按照比例添加固化剂和稀释剂,用搅拌尺充分搅拌均匀
2	穿戴好防护,对板件进行吹尘、除油
3	对板件进行喷涂(闪干)
4	喷涂完成后对喷涂板件进行干燥、清理

四、实施

1)实施准备,见表4-5。

表4-5 实施准备安排表

场 地 准 备	备 件 准 备	资 料 准 备
六人实习用地一块,对应数量的课桌椅及黑板一块	丰田卡罗拉左门损伤面 量杯、除尘布、除油布、搅拌尺、底漆喷枪	教学课件、项目单、视频教学资料,网络教学资源

2)实施计划并完成表4-6的填写。

表4-6 计划实施记录表

步 骤	操作方式	使用工具	注意事项
1			
2			
3			
4			

五、检查评估

评价表见表4-7。

表4-7 评 价 表

考核项目	评分标准	分数	扣分值			扣分理由
			学生自评	小组互评	教师评价	
团队合作	是否协调	5				
活动参与	是否积极主动	5				
安全生产	有无安全隐患	10				
现场5S	是否做到	10				
任务方案	是否正确、合理	15				
操作过程	是否标准、规范	30				
任务完成情况	是否圆满完成	5				
工具设备使用	是否规范、标准	10				
劳动纪律	是否能严格遵守	5				
工单填写	是否完整、规范	5				
总分		100				
学生签名(互评):			年 月 日		得分:	
教师签名:			年 月 日		得分:	

六、知识链接

原则:喷涂后效果光滑、平整。

在调制涂料之前,应先将主剂搅拌均匀,然后将主剂加入调漆罐中,再按规定加入专用固化剂。应使用计量工具按正确的比例调配。

在使用中涂底漆之前,选用P240号打磨砂纸配合双作用打磨机打磨腻子层,并进行相应的防腐处理,如果砂纸过于粗糙,打磨痕迹将会过深,也容易出现砂纸痕。相邻的区域用P320砂纸配合双作用打磨机打磨,打磨后必须确保足够平滑。

喷涂走枪要注意的几点:

1)喷枪与工件的距离要根据喷枪的不同类型来调整。

2)喷涂过程中,喷枪始终要与工件保持垂直。

3)走枪的速度要根据涂料的黏度来控制,压枪为3/4喷幅。

4)喷涂顺序:先在修补涂膜边缘交接部位薄薄喷涂,使旧涂膜与油灰的交界面融合。待其稍干之后,接着给整个油灰表面薄薄喷一层,喷涂后形成的表面应平整光滑。取适当的时间间隔,分几次薄薄地喷涂。一般要喷三四次。喷涂面积应比修补的油灰面积宽。

5)相邻的几小块油灰修补块,可先分别预喷两遍,然后再整体喷涂两三次,连成一大块。

项目二 打磨中涂底漆

 项目描述

（一）学习目标
1. 能够掌握车身涂装工艺流程中打磨中涂底漆的标准流程。
2. 能够掌握打磨中涂底漆所使用设备工具的特点及使用方式。
3. 了解打磨中涂底漆的目的。
4. 能够对知识进行归纳、总结。

（二）学习内容
1. 学习打磨中涂底漆和熟悉使用设备工具的种类名称及特点。
2. 学习打磨中涂底漆的流程。
3. 制订使用计划，填写项目单。

任务 打磨中涂底漆的流程

一、资讯

（一）安全注意事项
1）严格按照规范流程进行操作。
2）听从老师的管理，禁止随意操作实训的各种设备。
3）安全操作，禁止明火。
4）注意劳动保护。

（二）打磨中涂底漆的作用

喷上中涂底漆，填平微小的凹凸，然后通过打磨获得平整的表面，再喷涂面漆。这样可以提高面漆的附着力，减少溶剂向底层的渗透，又能提高涂膜的表面平整度和色泽。

打磨中涂底漆所用到的设备工具有双作用打磨机、砂纸（400#）、气枪等。由于水磨打磨中涂底漆有效率低、工作量大等缺点，一般在企业里大多采用干磨打磨中涂底漆。请填写表4-8中的表格。

表 4-8　设备工具

二、决策

每组六个人，每组选出一个负责人，负责人对小组任务进行分配，组员按照负责人的要求完成相应的内容，并将自己所在小组及个人任务内容填入表 4-9 中。

表 4-9　任务决策表

序　号	小组任务	个人任务	负　责　人

三、计划

根据任务内容制订任务计划，简单说明任务实施过程及注意事项，见表 4-10。

表 4-10　任务计划表

车型：2012 年丰田卡罗拉	
主要内容：对 2012 年丰田卡罗拉左后门喷涂过的区域打磨中涂底漆	

卡罗拉左后门（已喷涂中涂底漆）	
	双作用打磨机

(续)

车型：2012年丰田卡罗拉

主要内容：对2012年丰田卡罗拉左后门喷涂过的区域打磨中涂底漆

砂纸（400#）

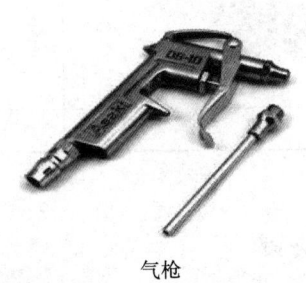

气枪

序号	工作步骤
1	对板件进行除尘、除油
2	用双作用打磨机和砂纸（400#）对确定的范围进行打磨中涂底漆
3	用双作用打磨机和砂纸（400#）打磨亚光区（整块板件）
4	再次对打磨过的板件进行除尘

四、实施

1）实施准备，见表4-11。

表4-11 实施准备安排表

场地准备	备件准备	资料准备
六人实习用地一块，对应数量的课桌椅及黑板一块	对应的丰田卡罗拉左后门（喷过中涂底漆的）、双作用打磨机、砂纸（400#）、气枪	教学课件、项目单、视频教学资料、网络教学资源

2）实施计划并完成表4-12的填写。

表4-12 计划实施记录表

步骤	操作方式	使用工具	注意事项
1			
2			
3			
4			

五、检查评估

评价表见表4-13。

表 4-13 评 价 表

考核项目	评分标准	分数	扣分值			扣分理由
			学生自评	小组互评	教师评价	
团队合作	是否协调	5				
活动参与	是否积极主动	5				
安全生产	有无安全隐患	10				
现场 5S	是否做到	10				
任务方案	是否正确、合理	15				
操作过程	是否标准、规范	30				
任务完成情况	是否圆满完成	5				
工具设备使用	是否规范、标准	10				
劳动纪律	是否能严格遵守	5				
工单填写	是否完整、规范	5				
总　分		100				
学生签名(互评)：		年　月　日				得分：
教师签名：		年　月　日				得分：

六、知识链接

在车身涂装中打磨中涂底漆是为了喷涂面漆而做铺垫，打磨过的中涂底漆能更好地和面漆结合，提高面漆的质量。

1. 原则

打磨光滑无痕迹。

2. 打磨中涂底漆的方法

1) 干磨时采用 P400~P500 砂纸配合 3 号打磨头打磨，如打磨头的偏心距为 5mm，需加打磨软垫。

2) 水磨时可采用 P800~P1000 砂纸人工水磨。这种方法虽然也能保证漆面的质量，但是工作效率大大降低。通过正确的干磨方法，便能获得光滑的漆面，且更加环保。

3. 打磨流程

1) 将炭粉挤出后均匀地涂抹在整个工件表面，选择 3 号打磨头。

2) 打磨中涂底漆时选择 P400~P500 干磨砂纸。根据面积的大小选择干磨砂纸，素色漆为 P400，金属漆为 P500。

3) 调整打磨头的转速，在打磨过程中，视不同情况对打磨头转速进行调整。打磨时沿工件轮廓线方向打磨，从一边打磨到另一边。

4. 打磨手法

1) 打磨时不要将打磨头来回挪动太快，应以适当的速度来回挪动，主要是将中涂底漆上的橘纹磨透。

2) 打磨时手不要用力压打磨头，应将打磨头平放在工件上，尽量使其接触面最大，方可将中涂底漆磨平、磨光滑。

3) 当打磨到门扳手部位时，要用菜瓜布进行打磨。

项目三 贴 护

项目描述

(一) 学习目标
1. 能够掌握车身涂装工艺流程中贴护的标准流程。
2. 能够掌握在贴护时所使用的物品及使用方式。
3. 了解车身贴护的目的。
4. 能够对知识进行归纳、总结。
(二) 学习内容
1. 学习贴护时的技巧。
2. 学习贴护时的顺序和要求。
3. 制订使用计划,填写项目单。

任务 贴护的流程

一、资讯

(一) 安全注意事项

1) 严格按照规范流程进行操作。

2) 听从老师的管理,禁止随意操作实训的各种设备。

3) 安全操作,禁止明火。

4) 注意劳动保护。

(二) 贴护的作用

贴护不仅可防止漆液附着到待修补部位以外的地方,同时也可防止灰尘和污物进入汽车内部等。

贴护时用到的设备工具有遮蔽纸、遮蔽胶带等。请填写表 4-14 中的表格。

表 4-14 设备工具

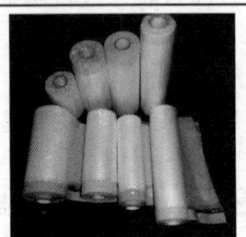	

二、决策

每组六个人,每组选出一个负责人,负责人对小组任务进行分配,组员按照负责人的要求完成相应的内容,并将自己所在小组及个人任务内容填入表4-15中。

表4-15 任务决策表

序 号	小 组 任 务	个 人 任 务	负 责 人

三、计划

根据任务内容制订任务计划,简单说明任务实施过程及注意事项,见表4-16。

表4-16 任务计划表

车型:2012年丰田卡罗拉
主要内容:对2012年丰田卡罗拉左后门进行贴护

卡罗拉左后门

遮蔽胶带

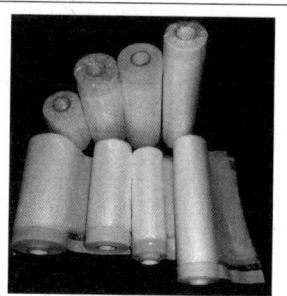

遮蔽纸

序 号	工 作 步 骤
1	对板件进行清洁
2	观察是需要正贴还是反贴
3	用胶带粘好遮蔽纸进行贴护
4	检查贴护是否正确和完好

四、实施

1) 实施准备,见表4-17。

表4-17 实施准备安排表

场地准备	备件准备	资料准备
六人实习用地一块,对应数量的课桌椅及黑板一块	对应的丰田卡罗拉左后门、遮蔽纸、遮蔽胶带	教学课件、项目单、视频教学资料,网络教学资源

2) 实施计划并完成表4-18的填写。

表4-18 计划实施记录表

步 骤	操作方式	使用工具	注意事项
1			
2			
3			
4			

五、检查评估

评价表见表4-19。

表4-19 评 价 表

| 考核项目 | 评分标准 | 分数 | 扣分值 | | | 扣分理由 |
			学生自评	小组互评	教师评价	
团队合作	是否协调	5				
活动参与	是否积极主动	5				
安全生产	有无安全隐患	10				
现场5S	是否做到	10				
任务方案	是否正确、合理	15				
操作过程	是否标准、规范	30				
任务完成情况	是否圆满完成	5				
工具设备使用	是否规范、标准	10				
劳动纪律	是否能严格遵守	5				
工单填写	是否完整、规范	5				
总 分		100				
学生签名(互评):		年 月 日			得分	
教师签名:		年 月 日			得分	

六、知识链接

遮蔽的目的不仅可防止漆液附着到待修补部位以外的地方，同时可防止灰尘和污物进入汽车内部等。

1. 原则

遮蔽完好。

2. 遮蔽方法(双层粘贴)

许多遮蔽纸和遮蔽带均由纸质，所以漆液和溶剂易于透过，特别是对易于漆液汇集的部位，溶剂将透过遮蔽纸和遮蔽带，造成旧涂层腐蚀。为此，在容易聚集溶剂的部位，应粘贴双层遮蔽纸和遮蔽带，以防溶剂渗入并保护旧涂层。

3. 遮蔽方法(带车身密封的板件分界)

如果车身密封部位位于板件的内侧，则将涂装边界对准车身密封部位，这样可使密封部位的台阶不太明显。即使在密封部位的边上，也可以将遮蔽带折叠起来进行涂装，使台阶不太明显。

4. 遮蔽方法(带冲压线板件的涂装分界)

如果只对板件的局部进行修补，在涂漆边界处粘贴折叠的遮蔽带可以使相对旧涂层的色差不太明显，并可使涂漆边界过渡美观，以避免台阶的产生。

5. 遮蔽方法(驳口法涂装外加整块清漆涂装的分界)

如果板件以收边方式涂装磁漆，然后整块涂装清漆，则与相邻板件间的分界只体现在清漆一道工序；由于清漆是透明的，除非有明显的台阶形成，一般的轻微异常是无法辨认出来的。此外，如果在涂装清涂层后，以驳口处理方式沿周边涂漆，则揭下遮蔽带后，台阶看起来就不太明显

6. 遮蔽方法(反向遮蔽和隧道式遮蔽)

涂装立柱一类的部件时，可通过揭起遮蔽纸的方法，使涂漆边界处的台阶不致太明显。根据收边法涂漆部位的数量多少，涂装时，可分两次或三次揭起遮蔽带。

7. 遮蔽方法(面涂层涂装遮蔽,后车门)

为防止漆雾从前车门的缝隙进入客舱，应在前车门与车身之间夹塞乙烯基遮蔽膜，并关闭前车门，然后翻折遮蔽膜，并用遮蔽纸遮盖车门玻璃。

情境五　面漆喷涂

 学习目标

> 知识目标：
1. 能够简单表述面漆喷涂在车身涂装中的作用。
2. 能够按照正确的操作要领对不同目标板进行面漆喷涂操作。
3. 能为车身涂装中面漆喷涂选择合适的安全防护。

> 能力目标：
1. 借助维修手册的指引，完成对车身涂装中面漆喷涂的设备及防护的认识。
2. 能够掌握车身涂装工艺流程中面漆喷涂的标准流程。
3. 能够掌握调色中微调的操作技巧。

> 素养目标：
1. 养成良好的工作习惯。
2. 养成良好的工作安全意识。
3. 养成良好的5S工作习惯。
4. 能够遵守操作规范，遵守劳动纪律和环保要求。
5. 能够用资料说明、核查及评价自身的工作成果。

 情境导入

车型： 2012年丰田卡罗拉
故障现象： 左后门涂层被擦破。
故障原因： 此车被侧碰，左后门涂层被擦破，涂装师傅需要对其损伤处进行修复，在修复中要进行面漆喷涂。
分析：
汽车车身涂装中调色是为了给喷涂面漆打下了良好的基础，降低面漆出现色差的概率；保证喷涂的成功率；同时喷涂的技巧也决定了面漆的质量。

对待喷涂的板件进行面漆喷涂的处理，按照涂层特性可分为四个任务来完成。

项目一 溶剂型涂料调色

项目描述

(一) 学习目标
1. 能够了解调色的目的。
2. 能够掌握车身涂装工艺流程中调色的标准流程。
3. 能够掌握调色的手法及技巧。

(二) 学习内容
1. 学习调色时的设备使用及注意事项。
2. 学习调色中的工艺流程。
3. 制订使用计划,填写项目单。

任务 溶剂型涂料(银粉漆)的调色流程

一、资讯

(一) 安全注意事项
1) 严格按照规范流程进行操作。
2) 听从老师的管理,禁止随意操作实训的各种设备。
3) 安全操作,禁止明火。
4) 注意劳动保护。

(二) 溶剂型涂料调色的目的

随着汽车工业的不断发展,汽车涂料的颜色种类及色彩特性也层出不穷,人们不可能把每一种颜色都做成涂料并储存起来以备随时使用。唯一的解决办法是提高调色人员的配色技能,利用涂料制造商提供的几十种基本色素(色母),按照一定的用量比例(颜色配方),对现有颜色进行调配,以达到我们所期望的理想色彩。

溶剂型涂料调色中所用到的设备有喷枪、测色仪、对色箱、烤箱等。请填写表5-1中的方框。

表5-1 设备工具

二、决策

每组六个人,每组选出一个负责人,负责人对小组任务进行分配,组员按照负责人的要求完成相应的内容,并将自己所在小组及个人任务内容填入表5-2中。

表5-2 任务决策表

序 号	小组任务	个人任务	负 责 人

三、计划

根据任务内容制订任务计划,简单说明任务实施过程及注意事项,见表5-3。

表5-3 任务计划表

车型:2012年丰田卡罗拉
主要内容:对2012年丰田卡罗拉左后门损伤面进行调色

喷枪

卡罗拉左后门

对色箱

烤箱

（续）

车型：2012 年丰田卡罗拉

主要内容：对 2012 年丰田卡罗拉左后门损伤面进行调色

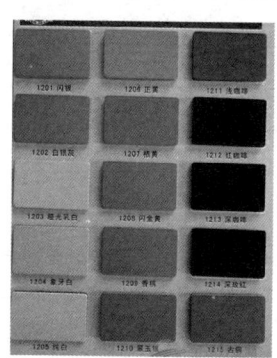
试板

测色仪

序 号	工 作 步 骤
1	色号的查询和表面准备
2	色卡的对比
3	配方的查询和计量添加色母
4	对比色板和添加色母进行微调

四、实施

1）实施准备，见表 5-4。

表 5-4　实施准备安排表

场地准备	备件准备	资料准备
六人实习用地一块，对应数量的课桌椅及黑板一块	丰田卡罗拉左后门、安全防护、量杯、除尘布、除油布、搅拌尺、喷枪、测色仪、对色箱、烤箱	教学课件、项目单、视频教学资料，网络教学资源

2）实施计划并完成表 5-5 的填写。

表 5-5　计划实施记录表

步　骤	操作方式	使用工具	注意事项
1			
2			
3			
4			

五、检查评估

评价表见表5-6。

表5-6 评 价 表

考核项目	评分标准	分数	扣分值			扣分理由
			学生自评	小组互评	教师评价	
团队合作	是否协调	5				
活动参与	是否积极主动	5				
安全生产	有无安全隐患	10				
现场5S	是否做到	10				
任务方案	是否正确、合理	15				
操作过程	是否标准、规范	30				
任务完成情况	是否圆满完成	5				
工具设备使用	是否规范、标准	10				
劳动纪律	是否能严格遵守	5				
工单填写	是否完整、规范	5				
总分		100				
学生签名(互评):		年　月　日				得分：
教师签名:		年　月　日				得分：

六、知识链接

为了满足人们对汽车颜色的要求，汽车颜色有了很大的发展，主要发展趋势如下。

1) 彩度提高：颜色的鲜艳度、饱和度不断提高。
2) 三层做法：珍珠漆广泛应用，需采用特殊喷涂方法。
3) 彩色清漆：在清漆中添加透明色母，增加立体感。
4) 变色效果：从不同角度观察，存在颜色差异，俗称"变色龙"。
5) 浅色银粉：银粉漆的颜色趋向浅灰、浅驼色、香槟色等。
6) 更粗、更闪烁银粉：出现特殊银粉颗粒。
7) 彩色底漆：在底漆中添加近似色母，有效提高面漆遮盖力。

1. 调色的概念

所谓调色是指根据颜色的三个基本性质(色相、明度和彩度)，将两种或两种以上不同的基本色素(色母、涂料)按一定比例混合在一起，以产生所需要的理想颜色的过程。

2. 调色基础

颜色的基本过渡规律：红色+黄色→橘色；黄色+蓝色→绿色；蓝色+红色→紫色。

颜色的主色和副色：主色往往由两种色母组成，副色总是位于主色的两侧。调色可理解为天平模型的平衡。

颜色的调配：头色(互补色)混合后(红色+绿色;黄色+紫色;蓝色+桔色)会产生灰色，

即彩度降低，变浑浊；加色母时，以配方中的色母为第一选择，然后是靠近主色的近似色母，避免加入对头色母；色系列中的黑色和白色，主要用于控制明暗度和彩度。

(1) 色号的查询

大多数汽车的颜色信息（即原厂色号）附在车身某个或几个特定部位上（即色号牌上）。查看汽车厂出厂编码板，记下编码板上所示汽车制造厂商的颜色编码，这对调色非常有帮助。不同厂商颜色编码的位置是不同的。

(2) 表面准备

在日常工作中，通常所使用的配色标准板（油箱盖、车身部位），表面往往有许多污染物，可能会影响颜色的比对效果。因此，在配色前应该用细蜡进行清洁处理，以免造成车身上的颜色差异。

(3) 色卡的对比

如果在车身上无法找到原厂色号，那么可以利用涂料公司提供的各种色卡，从色相、明度、彩度三个方面进行比对，挑选出相对接近的颜色，然后根据色卡查出对应的胶片标号，即可得出相对接近的配方。

(4) 配方的查询

在车身上查到原厂色号或通过色卡比对找到色号后，找到正确的微缩胶片号，用阅读机进行阅读，找到正确的配方。也可以用计算机查到配方，因为计算机中存有所有色卡配方，用户只需将查找到的色号和所需份量输入计算机就可直接查阅计算好的配方数据，快捷、方便、计算准确。便携式计算机测色仪的探头可直接在汽车上待修补的部位测到最为可靠的数据，该数据经配色系统处理后就可获得精确的配方。

(5) 计量添加色母

找到颜色配方，确定需要涂料的数量，利用电子秤计量添加相关色母的重量。在添加色母时，最好首先倾斜漆罐，然后逐渐拉操纵杆，让色母慢慢倒出。如果先拉操纵杆，那么当漆罐倾斜时可能有大量色母立即倒出。为了在倾斜末尾进行精细调整，必须小心操作操纵杆，以控制色母流量。虽然各种色母的重量因颜色而异，但是通常情况下一滴的重量大约为 0.03g，三滴的重量在 0.1g 左右。

(6) 对比色板

添加并搅拌均匀后的涂料，从色相、明度、彩度三方面与待调配的标准色板进行比对，以保证调配良好。

(7) 添加色母进行微调

如果颜色的比对结果表明，所调颜色与汽车的颜色不一样，则必须鉴定出应添加哪一种色母，继而添加该色母以获得理想结果，这个过程就是"精细配色"或"人工微调"。这是一个比较和添加涂料的循环，此循环一而再、再而三地重复，直至获得理想的汽车颜色。

项目二　水性漆调色

项目描述

（一）学习目标
1. 能够了解调色的目的。
2. 能够掌握车身涂装工艺流程中水性漆调色的标准流程。
3. 能够掌握水性漆调色的手法及技巧。

（二）学习内容
1. 学习水性漆调色时的设备使用及注意事项。
2. 学习水性漆调色中的工艺流程。
3. 制订使用计划，填写项目单。

任务　水性漆的调色流程

一、资讯

（一）安全注意事项

1）严格按照规范流程进行操作。

2）听从老师的管理，禁止随意操作实训的各种设备。

3）安全操作，禁止明火。

4）注意劳动保护。

（二）水性漆调色的目的

随着汽车工业的不断发展，汽车涂料的颜色种类及色彩特性也层出不穷，人们不可能把每一种颜色都做成涂料并储存起来以备随时使用。唯一的解决办法是提高调色人员的配色技能，利用涂料制造商提供的几十种基本色素（色母），按照一定的用量比例（颜色配方），对现有颜色进行调配，以达到我们所期望的理想色彩。

水性漆调色中所用到的设备有喷枪、测色仪、对色箱、烤箱等。请填写表5-7中的表格。

表5-7　设备工具

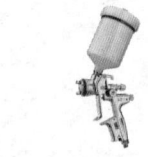			

二、决策

每组六个人,每组选出一个负责人,负责人对小组任务进行分配,组员按照负责人的要求完成相应的内容,并将自己所在小组及个人任务内容填入表5-8中。

表5-8 任务决策表

序 号	小组任务	个人任务	负 责 人

三、计划

根据任务内容制订任务计划,简单说明任务实施过程及注意事项,见表5-9。

表5-9 任务计划表

车型:2012年丰田卡罗拉

主要内容:对2012年丰田卡罗拉左后门损伤面进行调色

喷枪

卡罗拉左后门

对色箱

烤箱

(续)

车型：2012 年丰田卡罗拉

主要内容：对 2012 年丰田卡罗拉左后门损伤面进行调色

试板

测色仪

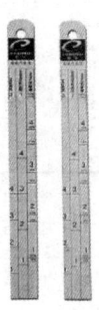

搅拌尺

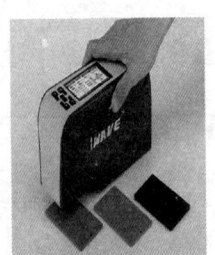

吹风筒

序号	工作步骤
1	色号的查询和表面准备
2	色卡的对比
3	配方的查询和计量添加色母
4	对比色板和添加色母进行微调

四、实施

1）实施准备，见表 5-10。

表 5-10 实施准备安排表

场地准备	备件准备	资料准备
六人实习用地一块，对应数量的课桌椅及黑板一块	2012 年丰田卡罗拉左后门、安全防护、量杯、除尘布、除油布、搅拌尺、喷枪、测色仪、对色箱、烤箱、吹风筒	教学课件、项目单、视频教学资料，网络教学资源

2）实施计划并完成表 5-11 的填写。

表 5-11 计划实施记录表

步 骤	操作方式	使用工具	注意事项
1			
2			
3			
4			

五、检查评估

评价表见表 5-12。

表 5-12 评 价 表

| 考核项目 | 评分标准 | 分数 | 扣分值 | | | 扣分理由 |
			学生自评	小组互评	教师评价	
团队合作	是否协调	5				
活动参与	是否积极主动	5				
安全生产	有无安全隐患	10				
现场 5S	是否做到	10				
任务方案	是否正确、合理	15				
操作过程	是否标准、规范	30				
任务完成情况	是否圆满完成	5				
工具设备使用	是否规范、标准	10				
劳动纪律	是否能严格遵守	5				
工单填写	是否完整、规范	5				
总分		100				
学生签名(互评):		年 月 日			得分:	
教师签名:		年 月 日			得分:	

六、知识链接

1)水性漆合适的储存温度为 5~35℃。水会在温度低于 5℃时开始结晶,这将导致水性漆出现结晶颗粒而不能使用,所以水性漆色母应存放在可控温度的专用保温柜中。保温柜可以设置好一个温度,一旦温度低于该温度,就会自动升温。

2)水性漆无须安装在搅拌机上进行搅拌,每次调色混合前只需轻微振荡几次即可使用。

3)其他知识和溶剂型涂料一致(可参考项目一)。

项目三　溶剂型涂料(银粉)喷涂

项目描述

（一）学习目标
1. 能够了解溶剂型涂料喷涂的目的。
2. 能够掌握车身涂装工艺流程中溶剂型涂料喷涂的标准流程。
3. 能够掌握喷涂的手法及技巧。
（二）学习内容
1. 学习喷涂时的设备使用及注意事项。
2. 学习喷涂中的工艺流程。
3. 制订使用计划，填写项目单。

任务　溶剂型涂料（银粉漆）的喷涂流程

一、资讯

（一）安全注意事项
1) 严格按照规范流程进行操作。
2) 听从老师的管理，禁止随意操作实训的各种设备。
3) 安全操作，禁止明火。
4) 注意劳动保护。
（二）溶剂型涂料喷涂的作用。
1) 能让车漆表面有足够的硬度、抗石击、耐化学品性。
2) 耐污性、防腐性好。
3) 能让车身有靓丽的外表。

溶剂型涂料喷涂中所用到的设备有喷枪、电子秤、气压表、除尘布等。请填写表 5-13 中的表格。

表 5-13　设备工具

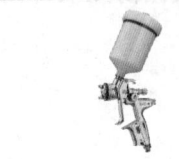		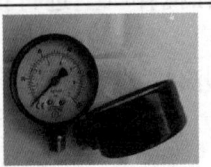	

二、决策

每组六个人,每组选出一个负责人,负责人对小组任务进行分配,组员按照负责人的要求完成相应的内容,并将自己所在小组及个人任务内容填入表 5-14 中。

表 5-14 任务决策表

序 号	小组任务	个人任务	负 责 人

三、计划

根据任务内容制订任务计划,简单说明任务实施过程及注意事项,见表 5-15。

表 5-15 任务计划表

车型:2012 年丰田卡罗拉
主要内容:对 2012 年丰田卡罗拉左后门损伤面进行喷涂

 喷枪	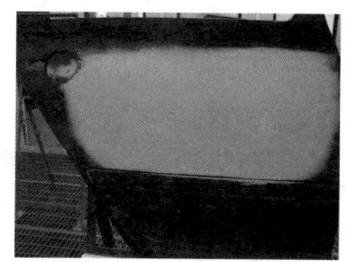 卡罗拉左后门
 电子秤	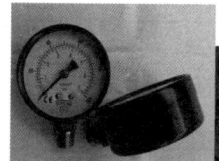 气压表　 除尘布

序 号	工作步骤
1	调好涂料、戴好安全防护并进行表面清洁(除尘、除油、粘尘)
2	用底色漆把损伤面喷涂遮盖好
3	用底色漆对整个板件进行喷涂
4	喷涂清漆层

四、实施

1) 实施准备,见表 5-16。

表 5-16 实施准备安排表

场地准备	备件准备	资料准备
六人实习用地一块,对应数量的课桌椅及黑板一块	丰田卡罗拉左后门 安全防护、量杯、除尘布、除油布、搅拌尺、喷枪、气压表	教学课件、项目单、视频教学资料,网络教学资源

2) 实施计划并完成表 5-17 的填写。

表 5-17 计划实施记录表

步 骤	操 作 方 式	使 用 工 具	注 意 事 项
1			
2			
3			
4			

五、检查评估

评价表见表 5-18。

表 5-18 评 价 表

| 考核项目 | 评分标准 | 分数 | 扣分值 | | | 扣分理由 |
			学生自评	小组互评	教师评价	
团队合作	是否协调	5				
活动参与	是否积极主动	5				
安全生产	有无安全隐患	10				
现场 5S	是否做到	10				
任务方案	是否确、合理	15				
操作过程	是否标准、规范	30				
任务完成情况	是否圆满完成	5				
工具设备使用	是否规范、标准	10				
劳动纪律	是否能严格遵守	5				
工单填写	是否完整、规范	5				
总 分		100				
学生签名(互评):		年 月 日				得分:
教师签名:		年 月 日				得分:

六、知识链接

1. 油性漆的操作方法

原则：喷涂后效果光滑、平整。

在调制涂料之前，应先将主剂搅拌均匀，然后将主剂加入调漆罐中，再按规定加入专用固化剂，应使用计量工具按正确的比例调配。

2. 喷涂走枪的注意事项

1）喷枪与工件的距离要根据喷枪的不同类型来调整。

2）喷涂过程中，喷枪始终要与工件保持垂直。

3）走枪的速度要根据涂料的黏度来控制，压枪为3/4喷幅。

3. 喷涂顺序

先在修补涂膜边缘交接部位薄薄喷涂，使旧涂膜与油灰的交界面融合。待其稍干之后，接着给整个油灰表面薄薄喷一层，喷涂后形成的表面应平整光滑。取适当的时间间隔，分几次薄薄地喷涂。一般要喷三四次。喷涂面积应比修补的油灰面积宽。

4. 喷涂方法

相邻的几小块油灰修补块，可先分别预喷两遍，然后再整体喷涂两三次，连成一大块。

项目四　水性漆喷涂

项目描述

（一）学习目标
1. 能够了解水性漆喷涂的目的。
2. 能够掌握车身涂装工艺流程中水性漆喷涂的标准流程。
3. 能够掌握喷涂的手法及技巧。

（二）学习内容
1. 学习水性漆喷涂时的设备使用及注意事项。
2. 学习水性漆喷涂中的工艺流程。
3. 制订使用计划，填写项目单。

任务　水性漆的喷涂流程

一、资讯

（一）安全注意事项

1）严格按照规范流程进行操作。

2）听从老师的管理，禁止随意操作实训的各种设备。

3）安全操作，禁止明火。

4）注意劳动保护。

（二）水性漆喷涂的作用。

1）能让车漆表面有足够的硬度、抗石击、耐化学品性。

2）耐污性、防腐性好。

3）能让车身有靓丽的外表。

水性漆喷涂中所用到的设备有喷枪、电子秤、吹风筒、气压表、除尘布等。请填写表5-19中的表格。

表5-19　设备工具

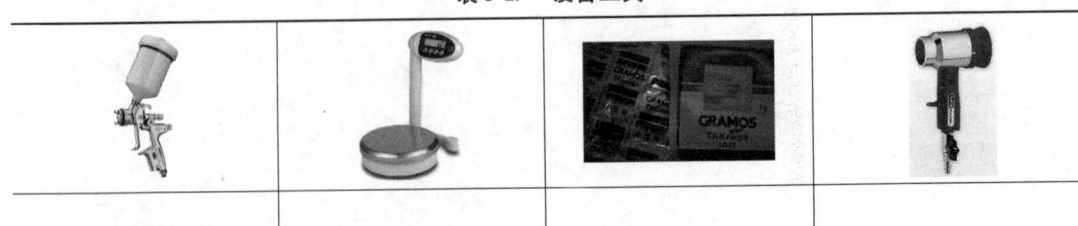

二、决策

每组六个人,每组选出一个负责人,负责人对小组任务进行分配,组员按照负责人的要求完成相应的内容,并将自己所在小组及个人任务内容填入表 5-20 中。

表 5-20　任务决策表

序　号	小组任务	个人任务	负　责　人

三、计划

根据任务内容制订任务计划,简单说明任务实施过程及注意事项,见表 5-21。

表 5-21　任务计划表

车型:2012 年丰田卡罗拉
主要内容:对 2012 年丰田卡罗拉左后门损伤面进行喷涂

 喷枪	 卡罗拉左后门
 电子秤	 气压表
 吹风筒	 除尘布

(续)

序号	工作步骤
1	调好涂料、戴好安全防护并进行表面清洁(除尘、除油、粘尘)
2	用底色漆把损伤面喷涂遮盖好,并用吹风筒进行吹干
3	用底色漆对整个板件进行喷涂,并用吹风筒进行吹干
4	喷涂清漆层

四、实施

1) 实施准备,见表5-22。

表5-22 实施准备安排表

场地准备	备件准备	资料准备
六人实习用地一块,对应数量的课桌椅及黑板一块	丰田卡罗拉左后门,安全防护、量杯、除尘布、除油布、搅拌尺、喷枪、气压表、吹风筒	教学课件、项目单、视频教学资料,网络教学资源

2) 实施计划并完成表5-23的填写。

表5-23 计划实施记录表

步骤	操作方式	使用工具	注意事项
1			
2			
3			
4			

五、检查评估

评价表见表5-24。

表5-24 评 价 表

考核项目	评分标准	分数	扣分值 学生自评	扣分值 小组互评	扣分值 教师评价	扣分理由
团队合作	是否协调	5				
活动参与	是否积极主动	5				
安全生产	有无安全隐患	10				
现场5S	是否做到	10				
任务方案	是否确、合理	15				
操作过程	是否标准、规范	30				
任务完成情况	是否圆满完成	5				
工具设备使用	是否规范、标准	10				

(续)

考核项目	评分标准	分数	扣分值			扣分理由
			学生自评	小组互评	教师评价	
劳动纪律	是否能严格遵守	5				
工单填写	是否完整、规范	5				
总 分		100				

学生签名(互评)： 　　　　　　　　年　月　日　　　　　　　得分：

教师签名： 　　　　　　　　　　　年　月　日　　　　　　　得分：

六、知识链接

为了有利于环保和节约涂料，建议喷涂水性底色漆时使用 1.2~1.3mm 的 HVLP 高流量低气压环保面漆枪进行喷涂。

水性底色漆喷涂要点：对于纯色水性底漆，喷涂一个双层即可；如果是珍珠或银粉水性底色漆，喷涂一个双层，再喷涂一个雾喷层；对于颜色遮盖力比较差的色漆，需喷涂两个双层，再喷涂一个雾喷层。

每喷涂完一个双层后，都要使用吹风筒吹干，以大约 45°角斜吹工作表面，使色漆吹干至哑光状态。

水性漆在温度 25℃、相对湿度小于 70% 的情况下干燥速度最快。

油性漆和水性漆区别

（1）环保性能

水性漆：只以清水作为稀释剂，对人体健康无害。

油性漆：以香蕉水、天拿水作为稀释剂，含有大量的苯、二甲苯等有害致癌物质。

（2）气味

水性漆：不含有害致癌物质，无毒无味。

油性漆：含有强烈的刺激性气味，让人难以忍受，气体中含有大量有害物质，有损人体健康。一般使用后 1~2 个月，强刺激性气味挥发至基本无味，但大量有害气体仍会缓释挥发 10~15 年。

（3）外观

水性漆：由于不含有害物质，不会向空气中挥发，因此不会有易变黄等缺陷，更持久如新。

油性漆：有害物质不断缓释，长效挥发，因此极易变黄，持久性不佳。

（4）涂膜质量

水性漆：水性漆产品无论是气膜饱满度、硬度，还是耐刻划度都丝毫不逊色于油性漆。

油性漆：涂膜质量较好，但涂膜更硬、更脆，破损后不易修补。

（5）储存

水性漆：不易燃，没有特殊储存要求。

油性漆：极易燃，必须按照消防要求单独储存。

情境六　漆面缺陷抛光处理

学习目标

> 知识目标：
> 1. 能够简单表述抛光处理对漆面缺陷的作用。
> 2. 能够按照正确的操作要领对漆面进行抛光处理。
> 3. 能为漆面缺陷抛光处理选择合适的安全防护及研磨抛光产品。
> 4. 安全防护用品。
>
> 能力目标：
> 1. 借助维修手册的指引，完成对车身涂装中漆面缺陷抛光处理的设备及防护的认识。
> 2. 能够掌握车身涂装中漆面缺陷抛光处理的标准流程。
> 3. 能够掌握抛光处理研磨的操作技巧。
>
> 素养目标：
> 1. 养成良好的工作安全意识。
> 2. 养成良好的5S工作习惯。
> 3. 能够遵守操作规范，遵守劳动纪律和环保要求。
> 4. 能够用资料说明、核查及评价自身的工作成果。

情境导入

车型：2012年丰田卡罗拉。

故障现象：左后门喷涂后有缺陷。

故障原因：此车喷涂后有缺陷，涂装师傅需要对喷涂后产生的缺陷进行处理，故需要进行面漆缺陷抛光处理。

分析

汽车车身涂装中漆面缺陷抛光处理为获得靓丽的漆面打下了良好的基础，它能解决喷涂后出现的缺陷，如流挂、尘点、橘皮等。

项目 研磨抛光处理

 项目描述

(一) 学习目标
1. 能够了解漆面缺陷抛光处理的目的。
2. 能够掌握车身涂装工艺流程中漆面缺陷抛光处理的标准流程。
3. 能够掌握抛光处理中研磨的手法及技巧。

(二) 学习内容
1. 学习漆面缺陷抛光处理时的设备使用及注意事项。
2. 学习漆面缺陷抛光处理的工艺流程。
3. 制订使用计划,填写项目单。

任务 研磨抛光流程

一、资讯

(一) 安全注意事项
1) 严格按照规范流程进行操作。
2) 听从老师的管理,禁止随意操作实训的各种设备。
3) 安全操作,禁止明火。
4) 注意劳动保护。

(二) 研磨抛光处理的作用
1) 清除研磨留下的细微划痕。
2) 消除漆面细微划痕(发丝划痕)。
3) 处理汽车漆面轻微损伤及各种斑迹,进而达到光亮无瑕的漆面效果。

研磨抛光处理为面漆提供了一个完美的表面,并能突出面漆的装饰性。

研磨抛光处理中所用到的设备有抛光机、抛光垫清洁器、羊毛抛光垫、海绵抛光垫等。请填写表6-1中的表格。

表 6-1　设备工具

二、决策

每组六个人，每组选出一个负责人，负责人对小组任务进行分配，组员按照负责人的要求完成相应的内容，并将自己所在小组及个人任务内容填入表 6-2 中。

表 6-2　任务决策表

序号	小组任务	个人任务	负责人

三、计划

根据任务内容制订任务计划，简单说明任务实施过程及注意事项，见表 6-3。

表 6-3　任务计划表

车型：2012 年丰田卡罗拉

主要内容：对 2012 年丰田卡罗拉左后门面漆缺陷进行抛光处理

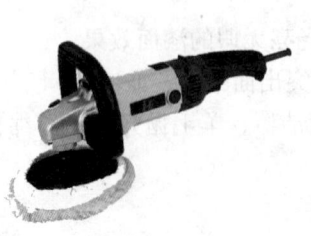 抛光机	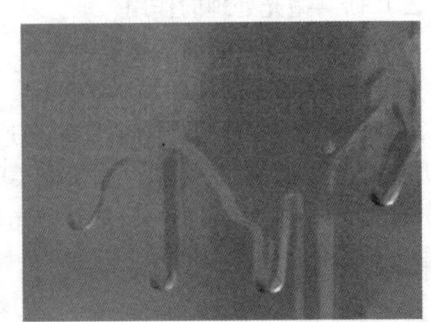 卡罗拉左后门面漆缺陷（流挂）

(续)

车型：2012年丰田卡罗拉
主要内容：对2012年丰田卡罗拉左后门面漆缺陷进行抛光处理

抛光垫清洁器

羊毛抛光垫

海绵抛光垫

抛光毛巾

序号	工 作 步 骤
1	先用抛光砂纸1500#或2000#对流挂的面漆进行研磨，直到流挂完全消失为止
2	用抛光机配合海绵抛光垫和抛光剂（粗蜡）对研磨区域进行抛光，直到砂纸痕完全消失；在抛光前要检查用电安全并戴好防护
3	用抛光机配合海绵抛光垫和抛光剂（细蜡）对整块门板进行抛光，直到整块门板发光、发亮为止
4	抛光完成后对整车进行清洗

四、实施

1）实施准备，见表6-4。

表6-4 实施准备安排表

场地准备	备件准备	资料准备
六人实习用地一块，对应数量的课桌椅和黑板一块	丰田卡罗拉左后门面漆缺陷（流挂）、抛光机、抛光垫、抛光垫清洁器、毛巾、排插、1500#或2000#抛光砂纸	教学课件、项目单、视频教学资料，网络教学资源

2) 实施计划并完成表 6-5 的填写。

表 6-5 计划实施记录表

步骤	操作方式	使用工具	注意事项
1			
2			
3			
4			

五、检查评估

评价表见表 6-6。

表 6-6 评 价 表

考核项目	评分标准	分数	扣分值			扣分理由
			学生自评	小组互评	教师评价	
团队合作	是否协调	5				
活动参与	是否积极主动	5				
安全生产	有无安全隐患	10				
现场 5S	是否做到	10				
任务方案	是否正确、合理	15				
操作过程	是否标准、规范	30				
任务完成情况	是否圆满完成	5				
工具设备使用	是否规范、标准	10				
劳动纪律	是否能严格遵守	5				
工单填写	是否完整、规范	5				
总 分		100				
学生签名(互评):		年 月 日			得分:	
教师签名:		年 月 日			得分:	

六、知识链接 B

常见涂装缺陷及防治说明如下。

1. 流痕

喷涂在施喷件垂直面上的涂料向下流动,使漆膜产生不均一的条纹和流痕的现象叫做流痕。根据流痕的形状可分为下沉、流挂、流淌等。

(1) 产生原因

1) 所用溶剂挥发过慢或与涂料不配套。

2) 一次喷涂过厚,喷涂操作不当,重枪过多,或喷涂距离和角度不正确。

3) 涂料黏度偏低。
4) 喷涂时环境温度过低或周围空气中的溶剂含量过高。
5) 涂料中含有密度大的颜料（如硫酸钡）。
6) 在光滑的被涂物或漆膜上喷涂新漆时，也容易发生垂流。
7) 各涂层之间的相隔时间太短。
8) 喷枪的喷嘴直径过大。

（2）防治方法

1) 正确选择溶剂，注意溶剂的溶解能力和挥发速度。
2) 提高喷涂操作的熟练程度，喷涂均匀，注意喷枪与喷涂表面的距离和角度，一次不宜喷涂太厚（一般控制在 $20\mu m$ 左右为宜）。
3) 严格控制涂料的施工黏度和温度。
4) 加强换气，喷漆间的环境温度应保持在20℃以上。
5) 调整涂料配方或添加阻流剂。
6) 在喷涂前要预先打磨。
7) 喷枪的喷嘴直径应适当。

2. 起粒

漆膜中的凸起物呈颗粒状分布在整个或局部表面上的现象叫做起粒。由混入涂料中的异物、涂料变质或过喷涂而引起的称为涂料颗粒；金属闪光涂料中铝粉在涂面造成的凸起异物称为金属颗粒；在涂装时或刚完成的湿漆膜上附着的灰尘或异物称为尘埃。

（1）产生原因

1) 涂装环境的空气清洁度差、过滤不好。调漆室、喷漆间内有灰尘。
2) 施喷件表面不清洁。如打磨后施喷件内外没有彻底清洁；选用质量较差的棉布做清洁，纤维物留在施喷件上。
3) 施工操作人员工作服、手套等材料掉纤维、有灰尘。
4) 易沉淀的涂料未充分搅拌或过滤。
5) 涂料变质，如漆基析出或反粗，颜料分散不佳或产生凝聚，有机颜料析出，闪光色漆的漆基中铝粉分散不良等。
6) 喷漆间内温度过高或溶剂挥发太快。
7) 漆雾过多（干喷涂），涂料的黏度过高。
8) 输漆系统中用的泵不合适，喷漆间压力不平衡，压缩空气没有过滤或过滤时不充分。

（2）防治方法

1) 调漆室、喷漆间内的空气除尘要充分，确保涂装环境洁净。
2) 施喷件表面应清洁。如用黏性擦布擦净或用压缩空气吹净喷涂表面上静电吸附的尘埃。
3) 操作人员要穿戴不掉纤维的工作服及手套。
4) 供气管路上要安装有过滤器。
5) 不使用变质或分散不良的涂料。
6) 调整喷漆间内的温度，添加高沸点溶剂。

7）注意喷涂顺序，注意喷漆间内的风速，调整涂料黏度。

8）推荐使用柱塞泵，调整压缩空气的压力。

3. 咬起

喷涂面漆后底漆（或旧漆层）被咬起脱离，产生皱纹、胀起、起泡等现象称为咬起。喷涂含强溶剂涂料（如硝基漆）时，易产生这种现象。咬起一般还容易发生在新喷的面漆层与旧漆层的驳口处或经填补腻子的中间漆上。

(1) 产生原因

1）底漆层未干透就涂下一层。

2）涂料不配套，底漆层的耐溶剂性差或面漆中含有能溶胀底涂层的强溶剂。

3）底漆层喷涂太厚。

(2) 防治方法

1）底漆层干透后再涂面漆。

2）改变涂料体系，另选用合适的底漆。

3）在易产生咬起的涂层上，应先在底涂层上薄薄喷涂一层面漆，待稍干后再喷涂。

4. 发白、白化

涂装过程中和刚涂装完毕的涂层表面呈乳白色，产生似云那样的变白失光现象称为发白、白化。多发生在涂装挥发性涂料的场合，严重时完全失光。

(1) 产生原因

1）喷漆间的湿度太高。

2）所用有机溶剂的沸点低，而且挥发太快，会使后漆膜过快冷却，发生水气凝结现象。

3）喷漆间内环境温度过高或施喷件的温度过低。

4）涂料和稀释剂中含有水分，或压缩空气中含有水分。

5）溶剂和稀释剂的选用及配比不合适，晾干过程中溶剂挥发过快，造成树脂在涂层中析出而变白。

(2) 防治方法

1）喷漆间的环境温度最好控制在20℃左右，相对湿度不高于70%。

2）选用沸点较高和挥发速度较低的有机溶剂，如添加防潮剂。

3）涂装前先将施喷件在喷漆间内放置一段时间或加热，使其比环境温度略高。

4）防止通过溶剂和压缩空气带入水分。

5）防止树脂在成膜过程中析出。

5. 缩孔、抽缩、鱼眼

受施喷件表面存在的（或混入涂料中的）异物（如蜡、油或硅酮等）的影响，涂料不能均匀附着，产生收缩而露出施喷件表面的现象称为缩孔。由于产生的原因及现象有较大的差别，露底面积大的且不规则的称为抽缩；呈圆形（直径多为0.1~2mm）的称为缩孔；在圆孔内有颗粒的称为鱼眼。这种缺陷产生在刚涂装完的湿漆膜上，有时在烘干后才发现。

(1) 产生原因

1）涂装车间中空气不清洁，有油雾、漆雾、蜡雾等。

2）调漆工具及设备不洁净，使有害异物（有些是肉眼看不见的）混入涂料中。

3）被涂物表面不干净，有脂肪、油、蜡、肥皂、硅酮等异物附着。
4）所用涂料的表面张力偏高，流平性差，释放气泡性差，本身对缩孔的敏感性差。
5）涂装工具、工作服、手套不干净。
（2）防治方法
1）在选用涂料时，要注意涂料对缩孔的敏感性。
2）在喷漆间，无论是设备、工具还是生产用辅助材料等，绝对不能带有对涂料有害的物质，尤其是硅酮。使用前要进行试验检查。
3）应确保压缩空气清洁，无油无水。
4）确保涂装环境清洁，空气中应无灰尘、油雾和漆雾等漂浮。
5）严禁用手、脏擦布和脏手套接触被涂物表面，确保被涂物表面的清洁。
6）在旧涂层上喷漆时，应用砂纸充分打磨，并擦拭干净。

6. 针孔

在漆膜上产生针状小孔或像皮革的毛孔那样的孔状现象称为针孔。一般孔的直径为 $10\mu m$ 左右。

（1）产生原因
1）涂料的流动性不良，流平性差，涂料释放气泡性差。
2）涂料储运时变质，如沥青涂料在低温下储运时，漆基的互溶性和溶解性变差，局部析出，引起颗粒或针孔缺陷。
3）涂料中混入其他物质，如溶剂性涂料中混入水分等。
4）涂装后晾干不充分，烘干时升温过急，表面干燥过快。
5）施喷件的温度过高和表面有污物（如焊药等），施喷件表面上有小孔。
6）环境湿度过高。

（2）防治方法
1）选用合适的涂料，对易产生针孔的涂料应加强进厂检验，避免使用不合格的涂料。低温状态下的沥青涂料出现缩孔，可通过原漆加温到 40～50℃ 存放一段时间（24h）来消除。
2）注意存漆容器与涂装工具的清洁和溶剂的质量，防止混入其他有害物质。
3）涂装后应按规定晾干，添加挥发性慢的溶剂使湿漆膜的表干减慢。
4）注意施喷件的温度和表面的洁净度，消除施喷件表面的小孔。
5）改善涂装环境。

7. 云斑（银粉不匀）

在喷涂金属银粉漆面时，因喷涂的厚度不均匀，施工方法不当和所用溶剂与涂料不配套而引起的银粉分布不匀、定向不匀，导致漆膜外观颜色不均匀的现象称为云斑。这种缺陷常常发生在喷涂大面积的金属银粉漆面时。

（1）产生原因
1）涂料配方不当（如银粉含量偏低、溶剂的密度大、树脂的分子量低等）。
2）喷涂时涂料黏度过低或过高。
3）涂层过厚或膜厚不均匀，雾化差，喷涂操作不熟练。
4）喷涂银粉漆与清漆采用"湿碰湿"工艺时，中间相隔时间过短。
5）喷涂环境温度低。

6）涂层受湿空气或潮湿天气影响。

（2）防治方法

1）改进涂料配方，使用涂料厂指定的溶剂。

2）选用合适的喷涂黏度。

3）提高喷涂操作者的熟练程度，采用专业喷涂工具。

4）采用"湿碰湿"工艺时，中间相隔时间要足够。

5）将喷涂时的环境温度调节到合适的范围内。

8. 橘皮

在喷涂时不能形成平滑的干漆膜面，而成橘皮状凹凸的现象称为橘皮。凹凸度约 $3\mu m$。

（1）产生原因

1）涂料黏度大，流平性差。

2）压缩空气压力低，导致雾化不良。

3）施喷件和空气的温度偏高，喷漆间内风速过大，溶剂挥发过快。

4）晾干时间短，喷涂厚度不足。

5）喷涂时喷枪与施喷件表面距离较远。

（2）防治方法

1）选用合适的溶剂，添加流平剂或挥发较慢的高沸点有机溶剂，以改善涂料的流平性。

2）选择合适的压缩空气压力，选择出漆量和雾化性能好的喷涂工具，使涂料达到良好的雾化。

3）一次喷涂到规定厚度（控制到不流挂的程度），适当延长晾干时间，不宜过早进入烤房烘干。

4）施喷件温度应冷却到50℃以下，喷漆间内的温度应保持在20℃左右。

5）调整喷枪与喷涂表面的距离。

维修案例一 左前保险杠碰撞变形，修复左前保险杠

 学习目标

> 知识目标：
> 1. 能够正确判定车身单一幅面的损伤情况。
> 2. 能够正确选择维修方案。
>
> 能力目标：
> 1. 能够正确掌握喷涂设备的使用。
> 2. 能够根据维修标准对维修后的车辆进行检验。
>
> 素养目标：
> 1. 养成良好的工作习惯。
> 2. 养成良好的工作安全意识。
> 3. 养成良好的5S工作习惯。

 情境导入

车辆行驶过程中，因驾驶人方向控制不稳，最终发生碰撞。碰撞位置：A车左前部与海报架发生碰撞，如图7-1所示。针对A车展开学习任务。

图7-1 左前部碰撞变形

维修案例一　左前保险杠碰撞变形，修复左前保险杠

任务一　判定左前保险杠损伤及制定维修方案

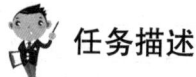任务描述

一、学习目标

1) 能够正确判定车身单一幅面的损伤情况。
2) 能够正确选择维修方案。

二、学习内容

1) 判定车辆的损伤情况。
2) 针对车辆损伤情况选择合理的维修方案。

三、资讯

1) 按前保险杠碰撞损伤的轻重程度可分为表面涂层损伤、变形。
2) 按前保险杠碰撞损伤位置可分为冲压线变形、平面变形。
3) 根据前保险杠损伤判定情况及位置选择正确的修复方法：喷涂修复法。

四、决策

1) 学员应认真听课，听课过程中，根据老师要求对车门实际损伤进行分析。
2) 以六名学员为一个小组，开展学习，每小组选出一个负责人。
3) 明确各组负责人：确定每个人的工作任务、职责：根据要求填写表7-1。

表 7-1　任务决策表

序号	小组任务	个人职责（任务）	负责人

五、计划

为了完成项目，将工作的步骤、所用工具以及注意事项填入表7-2。

表 7-2　任务计划表

序号	工作步骤	工具/辅具	注意事项
1			
2			
3			
4			
5			

六、实施

1）实施准备，见表 7-3。

表 7-3　实施准备安排表

场地准备	工具(车辆)准备	课堂布置
六人用实习场地、对应数量的课桌椅、黑板一块、多媒体教学设备	实训车辆、喷涂工具、喷涂防护用品	每辆实训车辆配备一套喷涂工具、一套喷涂防护用品

2）实施计划并完成表 7-4 的填写。

表 7-4　左前保险杠损伤评估表

损伤程度	损伤位置	修复方案
表面损伤（　）	冲压线漆面损伤　　（　）	直接喷涂修复（　）
	平面漆面损伤　　（　）	
表面变形（　）	冲压线变形损伤　　（　）	钣金修复与喷涂修复（　）
	平面变形损伤　　（　）	

七、检查评估

评价表见表 7-5

表 7-5　评　价　表

| 考核项目 | 评分标准 | 分数 | 扣分值 | | | 扣分情况 |
			学生自评	小组互评	教师评价	
团队合作	是否协调	5				
活动参与	是否积极主动	5				
安全生产	有无安全隐患	10				

维修案例一　左前保险杠碰撞变形，修复左前保险杠

(续)

考核项目	评分标准	分数	扣分值			扣分情况
			学生自评	小组互评	教师评价	
现场5S	是否做到	10				
任务方案	是否正确、合理	15				
操作过程	是否标准、规范	30				
任务完成情况	是否圆满完成	5				
工具设备使用	是否规范、标准	10				
劳动纪律	是否能严格遵守	5				
工单填写	是否完整、规范	5				
总分		100				
学生签名(互评)：			年　月　日		得分：	
教师签名：			年　月　日		得分：	

八、知识链接

车门损伤评估主要采用三大方法：目测法、手触摸法、钢尺测量法。

1) 目测法：利用钢板上折射的光线来判定损伤范围及变形程度。

2) 手触摸法：手掌平放在门板上，用手从不同方向触摸，让手掌及手指尖感触凹凸程度。

3) 钢尺测量法：先将钢尺置于未损伤区域，查看车门板与钢尺的间隙，再置于损伤区域查看相互之间的间隙，相互比较即可评判。

任务二　修复左前保险杠

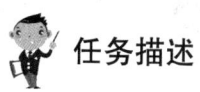任务描述

一、学习目标

1) 能够正确使用干磨设备。
2) 能够正确使用喷涂工具。
3) 能够完成单幅面板件的损伤修复。

二、学习内容

1) 正确选择喷涂设备。
2) 正确合理地修复损伤部位。

三、资讯

1）漆面喷涂所需佩戴的防护用品有橡胶手套、防毒口罩、护目镜、防护服，如图7-2所示。

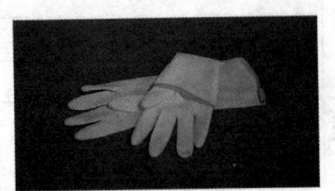
橡胶手套

防毒口罩

护目镜

防护服

图 7-2 安全防护用品

2）面漆喷涂前处理所配套工具有干磨设备、单作用打磨机、双作用打磨机、气枪，如图7-3所示。

干磨设备

单作用打磨机

双作用打磨机

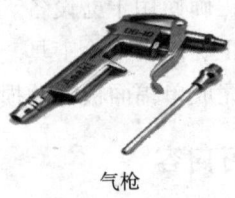
气枪

图 7-3 面漆喷涂前处理工具

3）面漆喷涂前处理所配备的附件有腻子、炭粉、砂纸、尺子、除油布、除油剂，如图7-4所示。

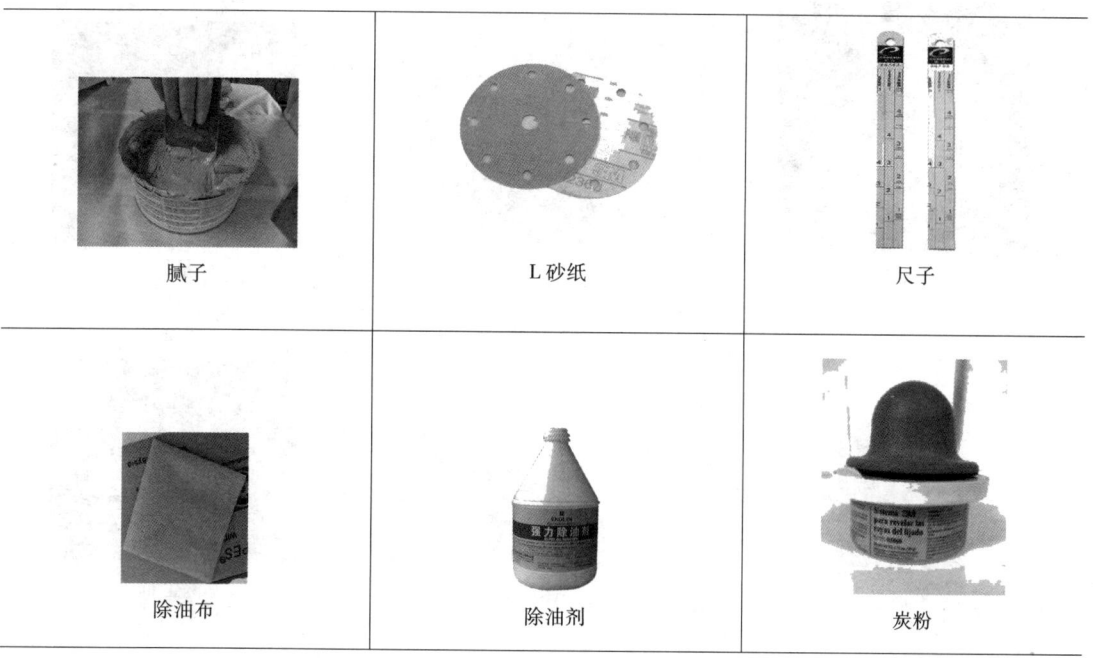

图 7-4　附属工具

4）面漆喷涂所配套工具有喷枪、搅拌尺、电子秤、对色箱、烤箱、测色仪，如图7-5所示。

图 7-5　面漆喷涂工具

5）面漆喷涂所配备的附件有遮蔽纸、美纹纸、除尘布、量杯、除油布、除油剂，如图

7-6 所示。

遮蔽纸	美纹纸	量杯
		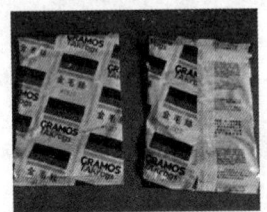
除油布	除油剂	除尘布

图 7-6　附属工具

四、决策

1）学员应认真听课，听课过程中，根据老师要求对左前保险杠实际损伤进行分析。

2）以六名学员为一个小组，开展学习，每小组选出一个负责人。

3）将一幅门板等分为六个区域，对各区域进行不同的损伤破坏。

4）明确各组负责人：确定每个人的工作任务、职责，根据要求填写表7-6。

表 7-6　任务决策表

序号	小组任务	个人职责（任务）	负责人

五、计划

小组内六名成员抽签选择修复区域，并对自己所选区域进行评估，选择合理的修复方案，实施修复。

为了完成项目，将工作的步骤、所用工具以及注意事项填入表7-7。

表 7-7 任务计划表

序号	工作步骤	工具/辅具	注意事项
1			
2			
3			
4			
5			

六、实施

1）实施准备，见表 7-8。

表 7-8 实施准备安排表

场地准备	工具、设备准备	课堂布置
六人用实习场地，对应数量的课桌椅，黑板一块，多媒体教学设备	实践车辆，面漆喷涂配套工具，配套防护用品	每个工位配备相应防护用品及辅助工具

2）实施计划并完成表 7-9 的填写。

表 7-9 左前保险杠修复流程表

项目内容		完成情况
1. 安全防护用品的使用	操作时佩戴橡胶手套	
	操作时佩戴护目镜	
	操作时佩戴防尘/防毒口罩	
	操作时穿防护服	
2. 设备通电检查		
3. 左前保险杠损伤程度检查及打磨除漆		
4. 打磨羽边作业		
5. 填补腻子作业		
6. 打磨腻子作业		
7. 喷中涂作业		
8. 打磨中涂作业		
9. 遮蔽作业		
10. 面漆喷涂作业		
11. 喷涂完成后的检查		
12. 操作完成后要把设备、工具放回原处，摆放整齐		

七、检查评估

评价表见表7-10。

表7-10 评价表

考核项目	评分标准	分数	扣分值			扣分理由
			学生自评	小组互评	教师评价	
团队合作	是否协调	5				
活动参与	是否积极主动	5				
安全生产	有无安全隐患	10				
现场5S	是否做到	10				
任务方案	是否正确、合理	15				
操作过程	是否标准、规范	30				
任务完成情况	是否圆满完成	5				
工具设备使用	是否规范、标准	10				
劳动纪律	是否能严格遵守	5				
工单填写	是否完整、规范	5				
总 分		100				
学生签名(互评):			年 月 日		得分:	
教师签名:			年 月 日		得分:	

八、知识链接

补漆的注意事项如下。

首先,在任何地方,甚至包括原厂,补漆都不会用"原厂漆"。如果修理厂告诉你他们使用的是"原厂漆",那一定是在骗你,目的是提高维修费。原因很简单:原厂喷漆工艺喷好漆以后,用200℃的温度烘烤。而成品车上有很多部件,部分部件不能耐受高温,但一般情况下,厂家会向专门维修站推荐指定的品牌修补漆。好的维修站也会用好的品牌。

其次,修补漆的颜色都是修补前调配出来的。原因也很简单:你的车可能开了好几年了,涂料已经开始褪色,虽然你看不出来。

如果你停在室外,不同方向上褪色的程度会略有不同。要想尽可能和原来颜色相匹配,只能现调。大型修理厂的计算机配色,配出的涂料和原涂料的色差普通人的眼睛是分辨不出的,这点尽可以放心。

维修案例二 前保险杠碰撞变形，修复前保险杠

 学习目标

> 知识目标：
> 1. 能够正确判定车身单一幅面的损伤情况。
> 2. 能够正确选择维修方案。
>
> 能力目标：
> 1. 能够正确掌握喷涂设备的使用。
> 2. 能够根据维修标准对维修后的车辆进行检验。
>
> 素养目标：
> 1. 养成良好的工作习惯。
> 2. 养成良好的工作安全意识。
> 3. 养成良好的5S工作习惯。

 情境导入

车辆行驶过程中，因前面车辆紧急制动，后车辆驾驶人制动不及时，最终发生碰撞。碰撞位置：A车前保险杠中间部位与B车后杠发生碰撞，如图8-1所示。针对A车展开学习任务。

图8-1 前保险杠碰撞变形

维修案例二　前保险杠碰撞变形，修复前保险杠

任务一　判定前保险杠损伤及制定维修方案

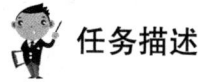任务描述

一、学习目标

1）能够正确判定车身单一幅面的损伤情况。
2）能够正确选择维修方案。

二、学习内容

1）判定车辆的损伤情况。
2）针对车辆损伤情况选择合理的维修方案。

三、资讯

1）按前保险杠碰撞损伤的轻重程度可分为表面涂层损伤、变形。
2）按前保险杠碰撞损伤位置可分为冲压线变形、平面变形。
3）根据前保险杠损伤判定情况及位置选择正确的修复方法：喷涂修复法。

四、决策

1）学员应认真听课，听课过程中，根据老师要求对车门实际损伤进行分析。
2）以六名学员为一个小组，开展学习，每小组选出一个负责人。
3）明确各组负责人：确定每个人的工作任务、职责；根据要求填写表8-1。

表 8-1　任务决策表

序号	小组任务	个人职责(任务)	负责人

五、计划

为了完成项目，将工作的步骤、所用工具以及注意事项填入表8-2。

表 8-2　任务计划表

序号	工作步骤	工具/辅具	注意事项
1			
2			
3			
4			
5			

六、实施

1）实施准备，见表 8-3。

表 8-3　实施准备安排表

场地准备	工具（车辆）准备	课堂布置
六人用实习场地，对应数量的课桌椅，黑板一块，多媒体教学设备	实训车辆，喷涂工具，喷涂防护用品	·每辆实训车辆配备一套喷涂工具、一套喷涂防护用品

2）实施计划并完成表 8-4 的填写。

表 8-4　前保险杠损伤评估表

损伤程度	损伤位置	修复方案
表面损伤（　）	冲压线漆面损伤　（　）	直接喷涂修复（　）
	平面漆面损伤　（　）	
表面变形（　）	冲压线变形损伤　（　）	钣金修复与喷涂修复（　）
	平面变形损伤　（　）	

七、检查评估

评价表见表 8-5

表 8-5　评　价　表

| 考核项目 | 评分标准 | 分数 | 扣分值 | | | 扣分理由 |
			学生自评	小组互评	教师评价	
团队合作	是否协调	5				
活动参与	是否积极主动	5				

维修案例二　前保险杠碰撞变形，修复前保险杠

（续）

考核项目	评分标准	分数	扣分值			扣分理由
			学生自评	小组互评	教师评价	
安全生产	有无安全隐患	10				
现场5S	是否做到	10				
任务方案	是否正确、合理	15				
操作过程	是否标准、规范	30				
任务完成情况	是否圆满完成	5				
工具设备使用	是否规范、标准	10				
劳动纪律	是否能严格遵守	5				
工单填写	是否完整、规范	5				
总　分		100				
学生签名(互评)：		年　月　日			得分：	
教师签名：		年　月　日			得分：	

八、知识链接

汽车的轻微变形是指由于刮蹭造成的小面积凹陷或伤及底漆的划痕。处理此种情况损伤的办法主要采用整形修复机修复以及相关的钣金工具，最后进行喷涂处理。重度变形是指由于碰撞导致的大面积变形，由于修复后强度大大降低，所以建议更换。撕裂是指由于外力导致板件裂开，解决办法要依据受损情况而定，大面积撕裂情况应更换。

任务二　修复前保险杠

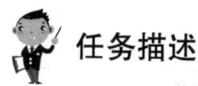 任务描述

一、学习目标

1）能够正确使用干磨设备。
2）能够正确使用喷涂工具。
3）能够完成单幅面板件的损伤修复。

二、学习内容

1）正确选择喷涂设备。
2）正确合理地修复损伤部位。

三、资讯

1)漆面喷涂所需佩戴的防护用品有橡胶手套、防毒口罩、护目镜、防护服,如图 8-2 所示。

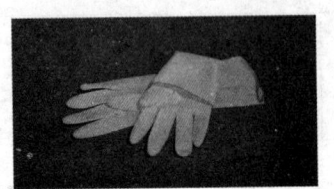	
橡胶手套	防毒口罩
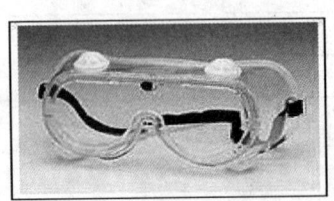	
护目镜	防护服

图 8-2 安全防护用品

2)面漆喷涂前处理所配套工具有干磨设备、单作用打磨机、双作用打磨机、气枪,如图 8-3 所示。

	单作用打磨机

	双作用打磨机

干磨设备	气枪

图 8-3 面漆喷涂前处理工具

3)面漆喷涂前处理所配备的附件有腻子、炭粉、砂纸、尺子、除油布、除油剂,如图8-4所示。

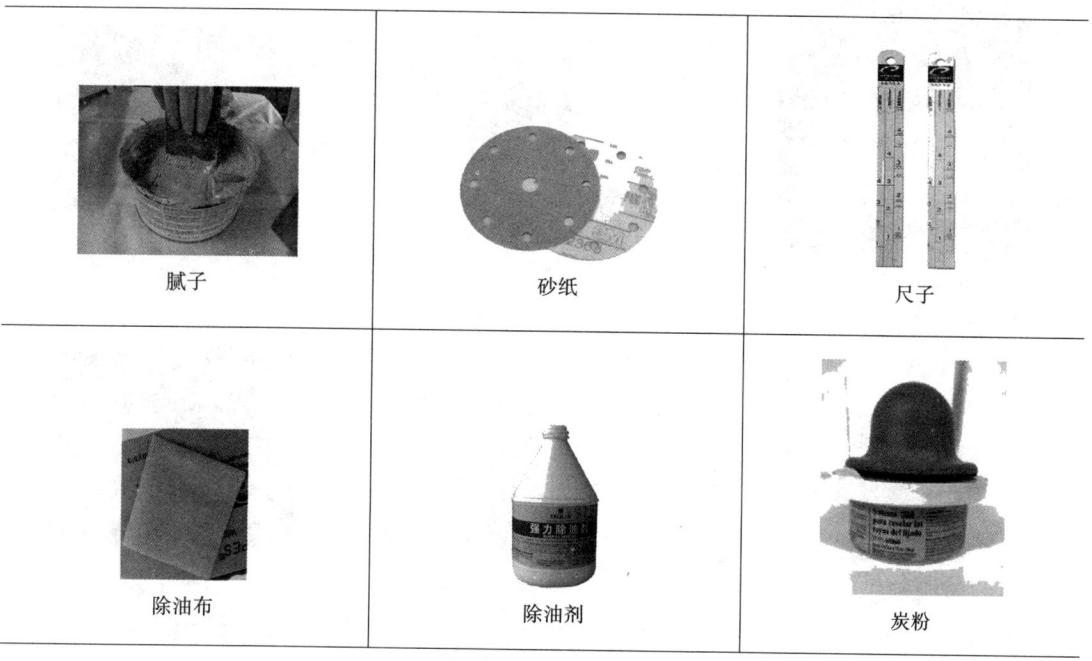

图8-4 附属工具

4)面漆喷涂所配套工具有喷枪、搅拌尺、电子秤、对色箱、烤箱、测色仪,如图8-5所示。

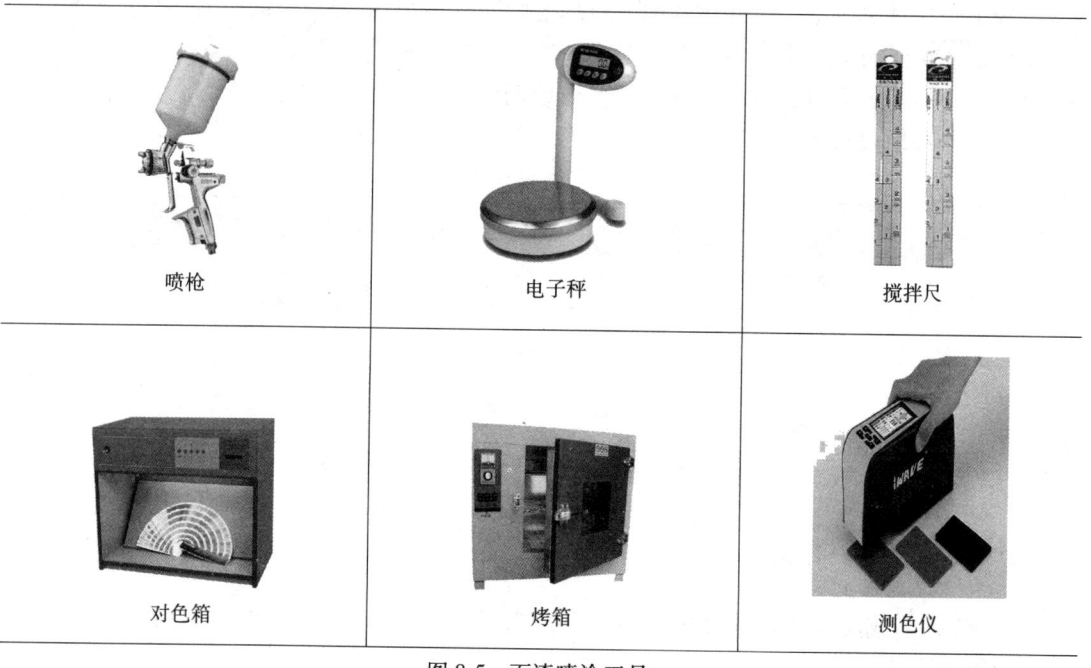

图8-5 面漆喷涂工具

5)面漆喷涂所配备的附件有遮蔽纸、美纹纸、除尘布、量杯、除油布、除油剂,如图

8-6 所示。

遮蔽纸	美纹纸	量杯
		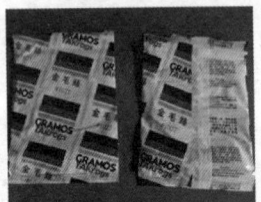
除油布	除油剂	除尘布

图 8-6 附属工具

四、决策

1) 学员应认真听课，听课过程中，根据老师要求对左前保险杠实际损伤进行分析。
2) 以六名学员为一个小组，开展学习，每小组选出一个负责人。
3) 将一幅门板等分为六个区域，对各区域进行不同的损伤破坏。
4) 明确各组负责人：确定每个人的工作任务、职责，根据要求填写表 8-6。

表 8-6 任务决策表

序号	小组任务	个人职责（任务）	负责人

五、计划

小组内六名成员抽签选择修复区域，并对自己所选区域进行评估，选择合理的修复方案，实施修复。

为了完成项目，将工作的步骤、所用工具以及注意事项填入表 8-7。

维修案例二　前保险杠碰撞变形，修复前保险杠

表 8-7　任务计划表

序号	工作步骤	工具/辅具	注意事项
1			
2			
3			
4			
5			

六、实施

1）实施准备，见表 8-8。

表 8-8　实施准备安排表

场地准备	工具、设备准备	课堂布置
6 人用实习场地，对应数量的课桌椅，黑板一块，多媒体教学设备	实践车辆，面漆喷涂配套工具，配套防护用品	每个工位配备相应防护用品及辅助工具

2）实施计划并完成表 8-9 的填写

表 8-9　前保险杠修复流程表

项目内容		完成情况
1. 安全防护用品的使用	操作时佩戴橡胶手套	
	操作时佩戴护目镜	
	操作时佩戴防尘/防毒口罩	
	操作时穿防护服	
2. 设备通电检查		
3. 左前保险杠损伤程度检查及打磨除漆		
4. 打磨羽边作业		
5. 填补腻子作业		
6. 打磨腻子作业		
7. 喷中涂作业		
8. 打磨中涂作业		
9. 遮蔽作业		
10. 面漆喷涂作业		
11. 喷涂完成后的检查		
12. 操作完成后要把设备、工具放回原处，摆放整齐		

七、检查评估

评价表见表8-10。

表8-10 评 价 表

考核项目	评分标准	分数	扣分值			扣分情况
			学生自评	小组互评	教师评价	
团队合作	是否协调	5				
活动参与	是否积极主动	5				
安全生产	有无安全隐患	10				
现场5S	是否做到	10				
任务方案	是否正确、合理	15				
操作过程	是否标准、规范	30				
任务完成情况	是否圆满完成	5				
工具设备使用	是否规范、标准	10				
劳动纪律	是否能严格遵守	5				
工单填写	是否完整、规范	5				
总 分		100				
学生签名(互评):		年 月 日				得分:
教师签名:		年 月 日				得分:

八、知识链接

保险杠用涂料的选用方法如下。

1) PP 的耐热性较差,高温时易变形,因此保险杠用涂料应避免选择烘干温度过高的涂料。目前保险杠涂料烘干温度为 75～125℃。保险杠涂层为复合涂层,即底漆+色漆+清漆,底漆有双组分和单组分两种,色漆多采用单组分涂料,清漆多采用双组分涂料。

2) 双组分底漆烘烤后具有较好的遮盖力和附着性,成膜后可对表面颗粒等缺陷进行打磨处理,特别适用于保险杠外观较差的状况。双组分底漆在湿膜状态下的导电性比较差,如底漆不烘烤或烘烤不良,喷涂色漆则会影响色漆的附着力,膜厚要求不小于 15 μm。

3) 单组分底漆湿膜导电,适合自动喷涂,成膜温度低或无烘烤不影响底漆与色漆的附着性,并且膜厚较薄,一般在 7 μm 左右就能达到与双组分底漆同样的性能。故单组分底漆在施工、设备投资、节省能源、环保、涂料输送管路保养等方面优于双组分底漆,且易于获得良好的漆膜表面状态。单组分底漆的运用在很大程度上有效地控制了涂装成本。

维修案例三 左后门碰撞变形，修复左后门

 学习目标

> 知识目标：
> 1. 能够正确判定车身单一幅面的损伤情况。
> 2. 能够正确选择维修方案。
>
> 能力目标：
> 1. 能够正确掌握喷涂设备的使用。
> 2. 能够根据维修标准对维修后的车辆进行检验。
>
> 素养目标：
> 1. 养成良好的工作习惯。
> 2. 养成良好的工作安全意识。
> 3. 养成良好的5S工作习惯。

 情境导入

车辆行驶过程中，两车交汇，因双方车速过快，方向控制不稳，最终发生碰撞。碰撞位置：A车左前部与B车左后门位置发生碰撞，如图9-1所示。针对B车展开学习任务。

图9-1 左后门碰撞变形

维修案例三 左后门碰撞变形，修复左后门

任务一 判定左后门损伤及制定维修方案

任务描述

一、学习目标

1）能够正确判定车身单一幅面的损伤情况。
2）能够正确选择维修方案。

二、学习内容

1）判定车辆的损伤情况。
2）针对车辆损伤情况选择合理的维修方案。

三、资讯

1）按左后门碰撞损伤的轻重程度可分为表面涂层损伤、变形。
2）按左后门碰撞损伤位置可分为冲压线变形、平面变形，如图9-2和图9-3所示。

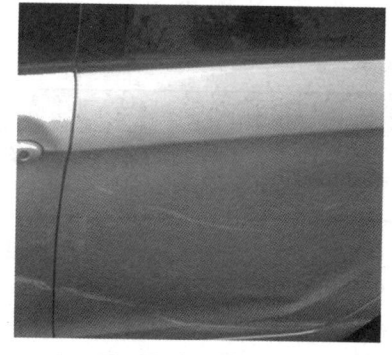
图9-2 车门冲压线变形

图9-3 车门平面变形

3）根据左后门损伤判定情况及位置选择正确的修复方法：喷涂修复法。

四、决策

1）学员应认真听课，听课过程中，根据老师要求对车门实际损伤进行分析。
2）以六名学员为一个小组，开展学习，每小组选出一个负责人。
3）明确各组负责人：确定每个人的工作任务、职责，根据要求填写表9-1。

表 9-1 任务决策表

序号	小组任务	个人职责(任务)	负责人

五、计划

为了完成项目,将工作的步骤、所用工具以及注意事项填入表 9-2。

表 9-2 任务计划表

序号	工作步骤	工具/辅具	注意事项
1			
2			
3			
4			
5			

六、实施

1)实施准备,见表 9-3。

表 9-3 实施准备安排表

场地准备	工具(车辆)准备	课堂布置
6人用实习场地,对应数量的课桌椅,黑板一块,多媒体教学设备	实训车辆,喷涂工具,喷涂防护用品	每辆实训车辆配备一套喷涂工具,一套喷涂防护用品

2)实施计划并完成表 9-4 的填写。

表 9-4 左后门损伤评估表

损伤程度	损伤位置		修复方案
表面损伤( )	冲压线漆面损伤	( )	直接喷涂修复( )
	平面漆面损伤	( )	
表面变形( )	冲压线变形损伤	( )	钣金修复与喷涂修复( )
	平面变形损伤	( )	

七、检查评估

评价表见表9-5。

表9-5 评 价 表

考核项目	评分标准	分数	扣分值			扣分情况
			学生自评	小组互评	教师评价	
团队合作	是否协调	5				
活动参与	是否积极主动	5				
安全生产	有无安全隐患	10				
现场5S	是否做到	10				
任务方案	是否正确、合理	15				
操作过程	是否标准、规范	30				
任务完成情况	是否圆满完成	5				
工具设备使用	是否规范、标准	10				
劳动纪律	是否能严格遵守	5				
工单填写	是否完整、规范	5				
总 分		100				
学生签名(互评):		年 月 日			得分:	
教师签名:		年 月 日			得分:	

八、知识链接

车门损伤评估主要采用三大方法：目测法、手触摸法、钢尺测量法。

1）目测法：利用钢板上折射的光线来判定损伤范围及变形程度。

2）手触摸法：手掌平放在门板上，用手从不同方向触摸，让手掌及手指尖感触凹凸程度。

3）钢尺测量法：先将钢尺置于未损伤区域，查看车门板与钢尺的间隙，再置于损伤区域查看相互之间的间隙，相互比较即可评判。

任务二　修复左后门

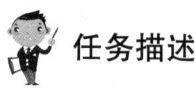 任务描述

一、学习目标

1）能够正确使用干磨设备。

2) 能够正确使用喷涂工具。

3) 能够完成单幅面板件的损伤修复。

二、学习内容

1) 正确选择喷涂设备。

2) 正确合理地修复损伤部位。

三、资讯

1) 漆面喷涂所需佩戴的防护用品有橡胶手套、防毒口罩、护目镜、防护服，如图9-4所示。

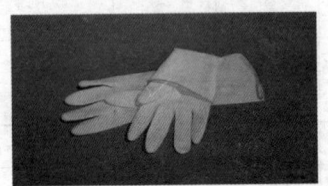
橡胶手套

防毒口罩

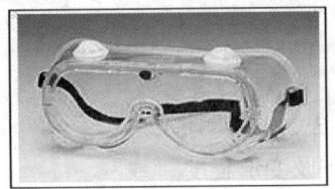
护目镜

防护服

图9-4 安全防护用品

2) 面漆喷涂前处理所配套工具有干磨设备、单作用打磨机、双作用打磨机、气枪，如图9-5所示。

单作用打磨机

（续）

干磨设备

双作用打磨机

气枪

图 9-5　面漆喷涂前处理工具

3）面漆喷涂前处理所配备的附件有腻子、炭粉、砂纸、尺子、除油布、除油剂，如图 9-6 所示。

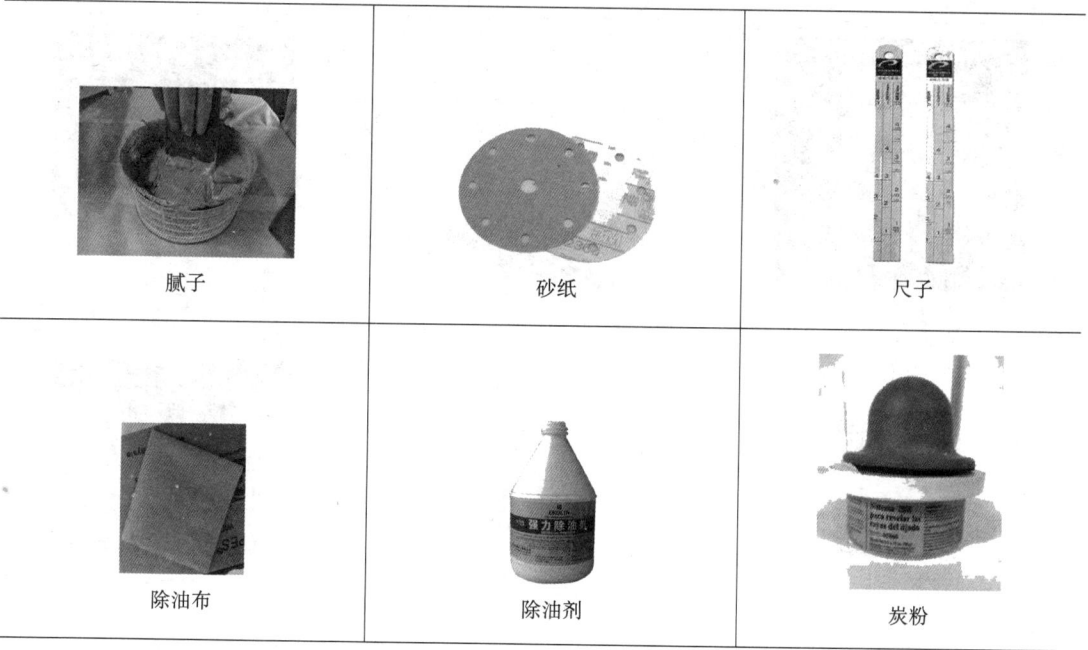

图 9-6　附属工具

4）面漆喷涂所配套工具有喷枪、搅拌尺、电子秤、对色箱、烤箱、测色仪，如图 9-7 所示。

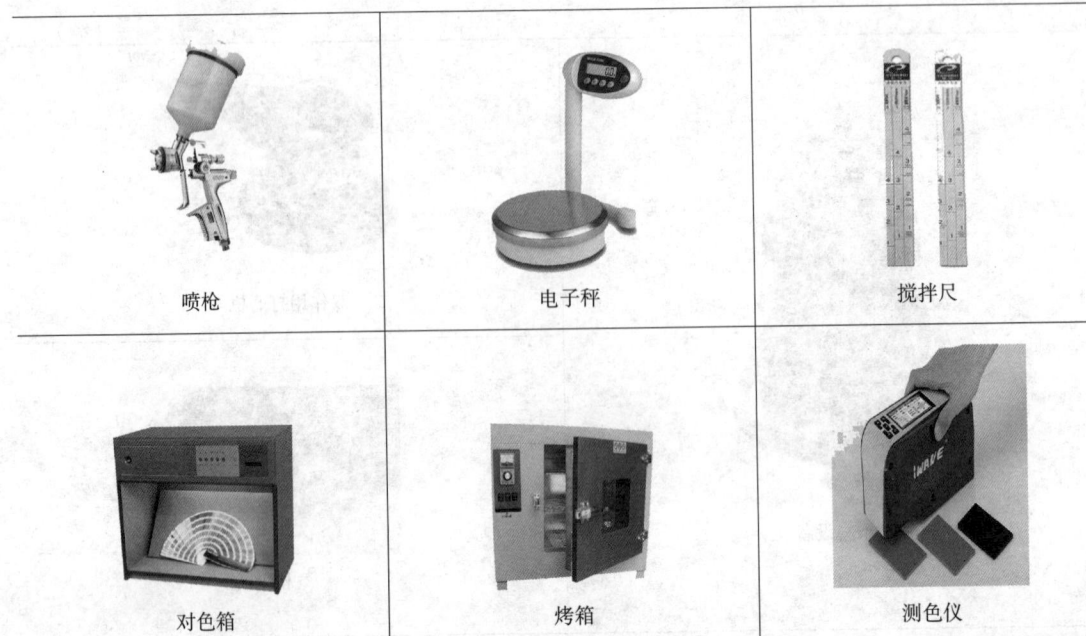

图 9-7 面漆喷涂工具

5）面漆喷涂所配备的附件有遮蔽纸、美纹纸、除尘布、量杯、除油布、除油剂，如图 9-8 所示。

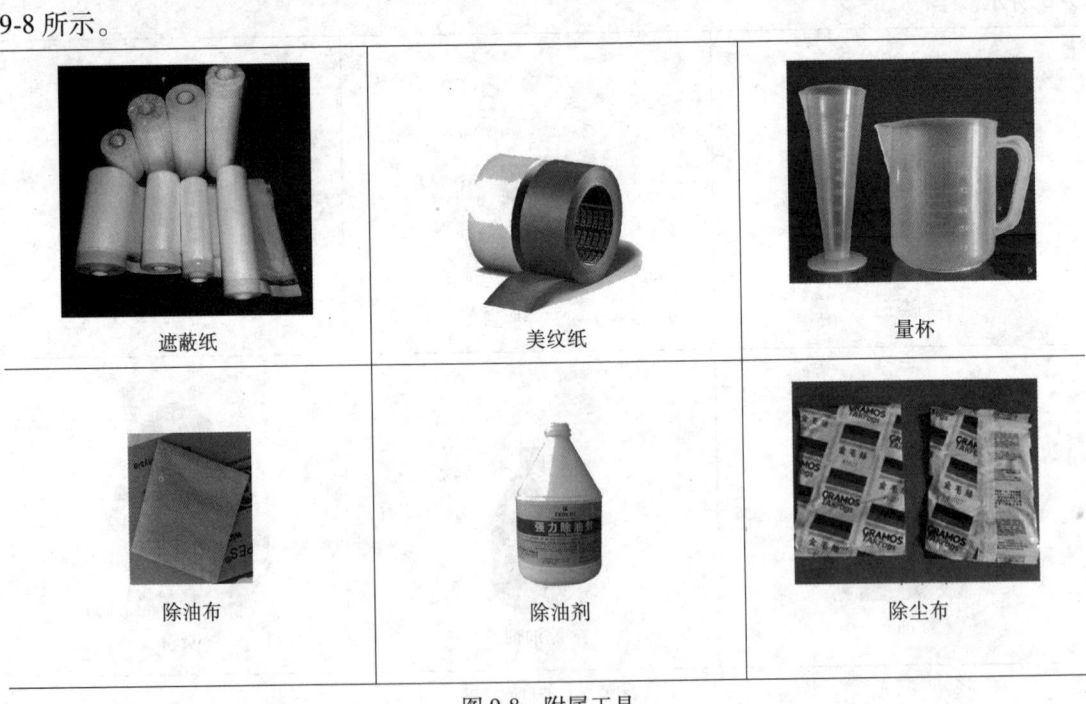

图 9-8 附属工具

四、决策

1）学员应认真听课，听课过程中，根据老师要求对左前门实际损伤进行分析。

维修案例三　左后门碰撞变形，修复左后门

2）以六名学员为一个小组，开展学习，每小组选出一个负责人。
3）将一幅门板等分为六个区域，对各区域进行不同的损伤破坏。
4）明确各组负责人：确定每个人的工作任务、职责，根据要求填写表9-6。

表9-6　任务决策表

序号	小组任务	个人职责（任务）	负责人

五、计划

小组内六名成员抽签选择修复区域，并对自己所选区域进行评估，选择合理的修复方案，实施修复。

为了完成项目，将工作的步骤、所用工具以及注意事项填入表9-7。

表9-7　任务计划表

序号	工作步骤	工具/辅具	注意事项
1			
2			
3			
4			
5			

六、实施

1）实施准备，见表9-8。

表9-8　实施准备安排表

场地准备	工具、设备准备	课堂布置
6人用实习场地，对应数量的课桌椅，黑板一块，多媒体教学设备	实践车辆，面漆喷涂配套工具，配套防护用品	每个工位配备相应防护用品及辅助工具

2）实施计划并完成表9-9的填写。

表9-9　左后门修复流程表

项目内容		完成情况
1. 安全防护用品的使用	操作时佩戴橡胶手套	
	操作时佩戴护目镜	
	操作时佩戴防尘/防毒口罩	
	操作时穿防护服	

（续）

项目内容	完成情况
2. 设备通电检查	
3. 左前门损伤程度检查及打磨除漆	
4. 打磨羽边作业	
5. 填补腻子作业	
6. 打磨腻子作业	
7. 喷中涂作业	
8. 打磨中涂作业	
9. 遮蔽作业	
10. 面漆喷涂作业	
11. 喷涂完成后的检查	
12. 操作完成后要把设备、工具放回原处，摆放整齐	

七、检查评估

评价表见表 9-10。

表 9-10　评　价　表

考核项目	评分标准	分数	扣分值			扣分理由
			学生自评	小组互评	教师评价	
团队合作	是否协调	5				
活动参与	是否积极主动	5				
安全生产	有无安全隐患	10				
现场 5S	是否做到	10				
任务方案	是否正确、合理	15				
操作过程	是否标准、规范	30				
任务完成情况	是否圆满完成	5				
工具设备使用	是否规范、标准	10				
劳动纪律	是否能严格遵守	5				
工单填写	是否完整、规范	5				
总分		100				
学生签名(互评):		年　月　日			得分:	
教师签名:		年　月　日			得分:	

八、知识链接

1. 调漆作业

作业注意事项如下。

1）调漆前，必须熟悉产品型号、相关参数，并参照调漆"作业标准书"进行操作。

2）调漆时的预备空桶，必须要用稀释剂清洗干净。

3）调漆时，充分调匀桶内任何沉淀物，且在涂装时，仍然需要不断搅拌。

4）要使用指定的专用稀释剂进行稀释。

5）将调配好的涂料通过过滤网进行过滤。

6）调好的涂料要及时密封，并转入喷房内使用。

7）调漆作业过程中，尽量避免外部因素导致涂料的再次污染。

2. 上料作业

（1）涂装前表面处理的作用

1）涂装前产品研磨的目的：除去油脂、污垢、锈蚀物及旧漆膜等，以提高涂层对表面的附着力、待喷涂部位的平整性等。

2）涂装前吹气清洁的目的：除去产品待喷涂部位的灰尘、脏物等，以避免灰尘、脏物等导致涂装后"颗粒""外脏"等不良现象的产生。

3）烤漆"外脏"与"颗粒"主要由以下三方面导致。

① 涂料自身颗粒。预防措施：涂料调好后进行过滤；调漆过程中避免涂料再次污染；好的涂料必须及时密封等。

② 前处理清洁不到位。预防措施：规范并督导作业方法等。

③ 前处理清洁后，由于车间环境等导致的产品二次污染。预防措施：规范并督导工作服饰、喷房清洁等。

（2）作业注意事项

1）作业过程中，必须参照上料"作业标准书"进行操作。

2）高压气除尘前，观察待喷涂部位有无印油、外脏、外凹、水迹或蜡等，内管有无内脏等不良现象。

3）严禁用手或手套擦拭外管，以避免由于手或手套脏而污染涂料瓶体，最好用无尘抹布或用其蘸取溶剂擦拭。

4）对于待喷涂部位用气枪吹不净的灰尘、脏物，要用干棉布或湿酒精棉布进行擦拭。

5）瓶子要轻拿轻放，防止擦伤和外凹的产生。

6）上料时必须佩戴手套，避免导致瓶身外脏、油污，防止喷涂烘干后涂膜不良。

7）作业人员严禁手拿产品待喷涂部位，以避免造成污染。

8）作业人员需穿戴专用工作服及手套，保证涂装前产品表面清洁，并注意生产中产品要轻拿轻放。

维修案例三　左后门碰撞变形，修复左后门

1）调漆前，必须熟悉产品型号、相关参数，并参照调漆"作业标准书"进行操作。
2）调漆时的预备空桶，必须要用稀释剂清洗干净。
3）调漆时，充分调匀桶内任何沉淀物，且在涂装时，仍然需要不断搅拌。
4）要使用指定的专用稀释剂进行稀释。
5）将调配好的涂料通过过滤网进行过滤。
6）调好的涂料要及时密封，并转入喷房内使用。
7）调漆作业过程中，尽量避免外部因素导致涂料的再次污染。

2. 上料作业

（1）涂装前表面处理的作用

1）涂装前产品研磨的目的：除去油脂、污垢、锈蚀物及旧漆膜等，以提高涂层对表面的附着力、待喷涂部位的平整性等。
2）涂装前吹气清洁的目的：除去产品待喷涂部位的灰尘、脏物等，以避免灰尘、脏物等导致涂装后"颗粒""外脏"等不良现象的产生。
3）烤漆"外脏"与"颗粒"主要由以下三方面导致。

① 涂料自身颗粒。预防措施：涂料调好后进行过滤；调漆过程中避免涂料再次污染；好的涂料必须及时密封等。

② 前处理清洁不到位。预防措施：规范并督导作业方法等。

③ 前处理清洁后，由于车间环境等导致的产品二次污染。预防措施：规范并督导工作服饰、喷房清洁等。

（2）作业注意事项

1）作业过程中，必须参照上料"作业标准书"进行操作。
2）高压气除尘前，观察待喷涂部位有无印油、外脏、外凹、水迹或蜡等，内管有无内脏等不良现象。
3）严禁用手或手套擦拭外管，以避免由于手或手套脏而污染涂料瓶体，最好用无尘抹布或用其蘸取溶剂擦拭。
4）对于待喷涂部位用气枪吹不净的灰尘、脏物，要用干棉布或湿酒精棉布进行擦拭。
5）瓶子要轻拿轻放，防止擦伤和外凹的产生。
6）上料时必须佩戴手套，避免导致瓶身外脏、油污，防止喷涂烘干后涂膜不良。
7）作业人员严禁手拿产品待喷涂部位，以避免造成污染。
8）作业人员需穿戴专用工作服及手套，保证涂装前产品表面清洁，并注意生产中产品要轻拿轻放。

维修案例四 整车损伤，整车喷涂

 学习目标

> 知识目标：
> 1. 能够正确判定整车的损伤情况。
> 2. 能够正确选择维修方案。
>
> 能力目标：
> 1. 能够正确掌握喷涂设备的使用。
> 2. 能够根据维修标准对维修后的车辆进行检验。
>
> 素养目标：
> 1. 养成良好的工作习惯。
> 2. 养成良好的工作安全意识。
> 3. 养成良好的5S工作习惯。

 情境导入

李老板的爱车用了两年后发现整个车身伤痕累累，故决定对自己的爱车进行整车喷涂，如图10-1所示。针对该车展开学习任务。

图10-1 整车伤痕累累

维修案例四　整车损伤，整车喷涂

任务一　判定整车损伤及制定维修方案

任务描述

一、学习目标

1）能够正确判定整车的损伤情况。
2）能够正确选择维修方案。

二、学习内容

1）判定车辆的损伤情况。
2）针对车辆损伤情况选择合理的维修方案。

三、资讯

1）按整车损伤的轻重程度可分为表面涂层损伤、变形。
2）按整车损伤位置可分为冲压线变形、平面变形，如图10-2和图10-3所示。

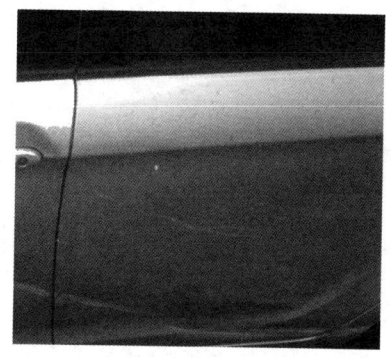

图10-2　车门冲压线变形

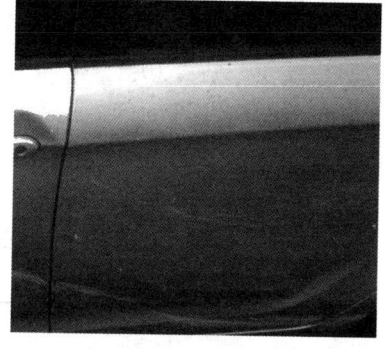

图10-3　车门平面变形

3）根据整车损伤判定情况及位置选择正确的修复方法：整车喷涂修复法。

四、决策

1）学员应认真听课，听课过程中，根据老师要求对整车实际损伤进行分析。
2）以六名学员为一个小组，开展学习，每小组选出一个负责人。
3）明确各组负责人：确定每个人的工作任务、职责，根据要求填写表10-1。

表10-1　任务决策表

序号	小组任务	个人职责(任务)	负责人

五、计划

为了完成项目，将工作的步骤、所用工具以及注意事项填入表10-2。

表10-2　任务计划表

序号	工作步骤	工具/辅具	注意事项
1			
2			
3			
4			
5			

六、实施

1）实施准备，见表10-3。

表10-3　实施准备安排表

场地准备	工具(车辆)准备	课堂布置
6人用实习场地，对应数量的课桌椅，黑板一块，多媒体教学设备	实训车辆，喷涂工具，喷涂防护用品	每辆实训车辆配备一套喷涂工具、一套喷涂防护用品

2）实施计划并完成表10-4的填写。

表10-4　整车损伤评估表

损伤程度	损伤位置	修复方案
表面损伤（　）	冲压线漆面损伤　　　（　）	直接喷涂修复（　）
	平面漆面损伤　　　　（　）	

维修案例四 整车损伤，整车喷涂

(续)

损伤程度	损伤位置	修复方案
表面变形（　）	冲压线变形损伤　（　）	钣金修复与喷涂修复（　）
	平面变形损伤　（　）	

七、检查评估

评价表见表10-5。

表10-5 评 价 表

考核项目	评分标准	分数	扣分值			扣分理由
			学生自评	小组互评	教师评价	
团队合作	是否协调	5				
活动参与	是否积极主动	5				
安全生产	有无安全隐患	10				
现场5S	是否做到	10				
任务方案	是否正确、合理	15				
操作过程	是否标准、规范	30				
任务完成情况	是否圆满完成	5				
工具设备使用	是否规范、标准	10				
劳动纪律	是否能严格遵守	5				
工单填写	是否完整、规范	5				
总分		100				
学生签名(互评)：			年　月　日			得分：
教师签名：			年　月　日			得分：

八、知识链接

1. 面漆选用的一般原则

1）选用的面漆应具有一定的装饰性和保护性，既要符合不同档次汽车的外观要求，又要与车辆使用环境的要求相适应。

2）选用的面漆应与底漆有良好的配套性，保证良好的附着性和无"咬底"现象。

3）一般情况下，选用面漆的类型与原涂层面漆的类型应尽可能保持一致。

4）选用的面漆应有利于降低成本，适合施工场所的施工条件，方便施工。

5）选用的面漆应尽可能无毒、无公害，以利于工人的身体健康和环境保护。

2. 影响面漆消耗量的因素

1）涂料的特性。
2）涂装方法。
3）被涂物件的材质、形状及大小。
4）操作熟练度。
5）施工条件。

任务二 整车喷涂

任务描述

一、学习目标

1）能够正确使用干磨设备。
2）能够正确使用喷涂工具。
3）能够完成整车的损伤修复。

二、学习内容

1）正确选择喷涂设备。
2）正确合理地修复损伤部位。

三、资讯

1）漆面喷涂所需佩戴的防护用品有橡胶手套、防毒口罩、护目镜、防护服，如图10-4所示。

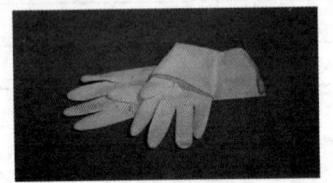	
橡胶手套	防毒口罩
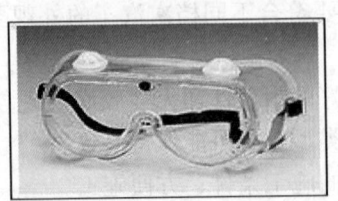	
护目镜	防护服

图 10-4 安全防护用品

2）面漆喷涂前处理所配套工具有干磨设备、单作用打磨机、双作用打磨机、气枪，如图 10-5 所示。

图 10-5　面漆喷涂前处理工具

3）面漆喷涂前处理所配备的附件有腻子、炭粉、砂纸、尺子、除油布、除油剂，如图 10-6 所示。

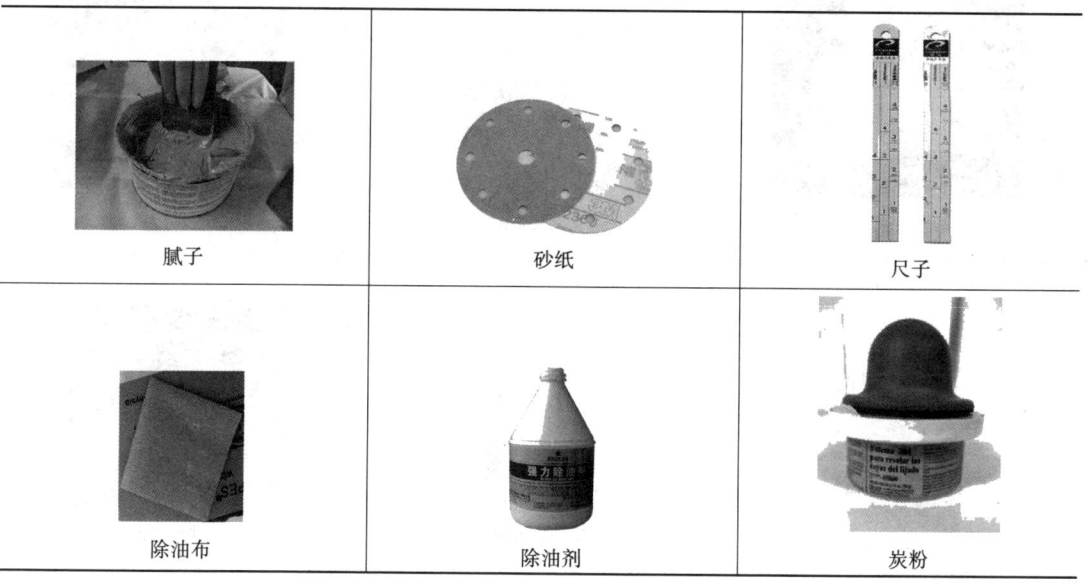

图 10-6　附属工具

4）面漆喷涂所配套工具有喷枪、搅拌尺、电子秤、对色箱、烤箱、测色仪，如图10-7所示。

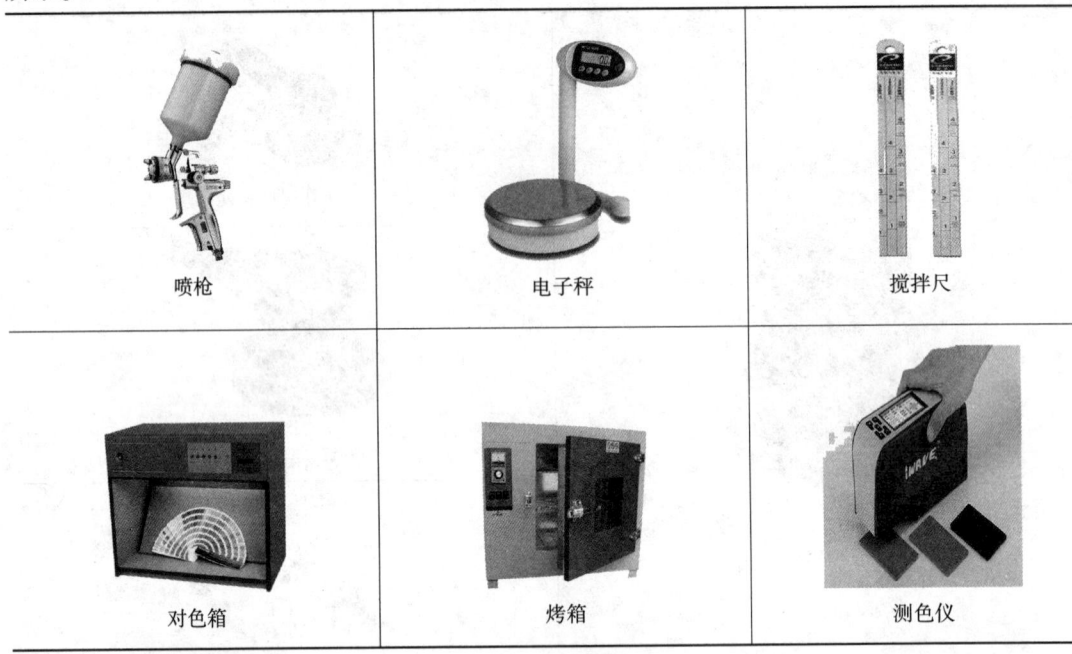

图10-7　面漆喷涂工具

5）面漆喷涂所配备的附件有遮蔽纸、美纹纸、除尘布、量杯、除油布、除油剂，如图10-8所示。

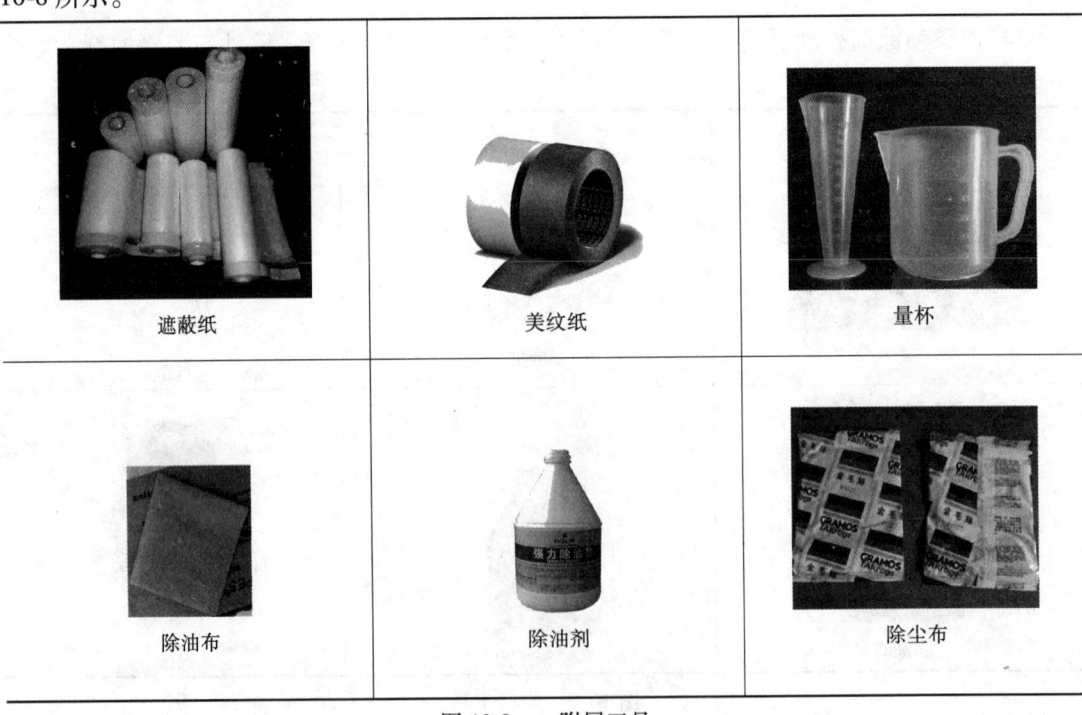

图10-8　附属工具

四、决策

1) 学员应认真听课,听课过程中,根据老师要求对整车实际损伤进行分析。
2) 以六名学员为一个小组,开展学习,每小组选出一个负责人。
3) 明确各组负责人:确定每个人的工作任务、职责,根据要求填写表10-6。

表10-6 任务决策表

序号	小组任务	个人职责(任务)	负责人

五、计划

小组内六名成员抽签选择修复区域,并对自己所选区域进行评估,选择合理的修复方案,实施修复。

为了完成项目,将工作的步骤、所用工具以及注意事项填入表10-7。

表10-7 任务计划表

序号	工作步骤	工具/辅具	注意事项
1			
2			
3			
4			
5			

六、实施

1) 实施准备,见表10-8。

表10-8 实施准备安排表

场地准备	工具、设备准备	课堂布置
6人用实习场地,对应数量的课桌椅,黑板一块,多媒体教学设备	实践车辆,面漆喷涂配套工具,配套防护用品	每个工位配备相应防护用品及辅助工具

2) 实施计划并完成表10-9的填写。

表 10-9 整车全喷修复流程表

项目内容		完成情况
1. 安全防护用品的使用	操作时佩戴橡胶手套	
	操作时佩戴护目镜	
	操作时佩戴防尘/防毒口罩	
	操作时穿防护服	
2. 设备通电检查		
3. 整车损伤程度检查及打磨除漆		
4. 打磨羽边作业		
5. 填补腻子作业		
6. 打磨腻子作业		
7. 喷中涂作业		
8. 打磨中涂作业		
9. 遮蔽作业		
10. 面漆喷涂作业		
11. 喷涂完成后的检查		
12. 操作完成后要把设备、工具放回原处，摆放整齐		

七、检查评估

评价表见表 10-10。

表 10-10 评 价 表

考核项目	评分标准	分数	扣分值			扣分理由
			学生自评	小组互评	教师评价	
团队合作	是否协调	5				
活动参与	是否积极主动	5				
安全生产	有无安全隐患	10				
现场5S	是否做到	10				
任务方案	是否正确、合理	15				
操作过程	是否标准、规范	30				
任务完成情况	是否圆满完成	5				
工具设备使用	是否规范、标准	10				
劳动纪律	是否能严格遵守	5				
工单填写	是否完整、规范	5				
总　分		100				
学生签名(互评)：		年　月　日				得分：
教师签名：		年　月　日				得分：

八、知识链接

（一）喷涂作业注意事项

1）开机前确认已执行喷房日常点检，一切正常。

2）通过调节阀门，综合调节进入溢水槽的水量，使生成的水帘幕均匀且覆盖整个水帘板。

3）生产前各工位喷枪由班长进行行程、幅度及喷涂工位、小转盘转速（还包括喷枪油量、扇形、雾化枪距等）的参数设定，生产过程中严禁私自改动设定参数，遇到异常状况要及时报告班长做调整。

4）喷涂人员必须佩戴防尘服饰，避免导致瓶身外脏、油污，防止喷涂烘干后涂膜不良。

5）喷涂人员在生产过程中遇到异常状况（如外脏、白点、流挂等）要立即报告当班班长及时采取措施，解决异常。

6）喷涂时，涂膜要均匀，不宜过厚，以免引起涂膜缺陷。

7）喷涂人员作业过程中，严禁手拿产品待喷涂和已喷涂部位，以免造成瓶体污染和涂膜碰伤。

8）喷涂前，严禁用戴或未戴手套的手，擦拭待喷涂部位，以避免造成瓶体污染而导致不良涂膜的产生。

9）水帘板供水要求正常，水帘板上的漆渣要定时清理。

（二）涂膜不良原因及对策

1. 涂装表面的"颗粒"原因

1）涂装场地环境不好。

2）工件自身有灰尘或颗粒。

3）操作者携带灰尘。

4）涂料中有颗粒。

预防：

1）涂装场地清扫、洒水。

2）工件表面处理、擦拭、吹净。

3）工作服吹净。

4）过滤涂料。

处理方法：

1）轻微时用 1000~2000#砂纸轻磨，然后用超稀蜡抛光。

2）严重时用 400#砂纸打磨后重涂。

2. "流挂"原因

1）枪运行速度太慢。

2）涂距太近。

3）油量太大。

4）涂料黏度低；

5）涂料干燥太慢。

3. "发花"原因

1）一道喷涂过厚。

2）枪距太近。

3）喷幅重叠不好，膜厚不均。

4）罩光漆黏度太低。

5）枪的原因。

6）底漆色斑有效去除。

预防：

1）分两三道涂装。

2）枪距控制好。

3）将底色漆斑覆盖好。

4）喷幅重叠2/3左右。

5）更换枪。

4. "起泡""针孔"原因

1）强制干燥前放置时间太短或升温太快。

2）漆膜太厚。

3）涂料搅拌不当。

4）黏度过高。

5）烘烤温度太高。

预防：

1）静置时间加长（线速减慢）。

2）油量减小。

3）调整黏度。

处理方法：

1）抛光。

2）重涂。

5. "失光"原因

1）底漆干燥不好。

2）喷涂起雾（雾化太大）。

3）溶剂溶解力太差。

4）旧漆膜太薄。

5）黏度太低。

预防：

1）干燥底漆。

2）使用专用溶剂。

3）增大膜厚。

4）增大黏度。

处理方法：

1）抛光。

2）重涂。

6. "起皱""咬底"原因

1）底漆不干。

2）底漆质量差。

3）面漆溶剂溶解力太强。

预防：

1）使用正确底漆。

2）使用正确稀释剂。

3）底漆干透后上面漆。

处理方法：

1）打磨重涂。

2）去漆重新涂装。